MW00953515

GESCHMA-X-PLOSION

DAS KOCHBUCH FÜR TEENAGER

130 leckere Rezepte für Jugendliche und Anfänger.
Mit Spaß, einfach gute Gerichte kochen.

Von Katharina Freund

© Katharina Freund
1. Auflage 2023
Alle Rechte vorbehalten.
ISBN: 9798838925756

Vorwort

Herzlich willkommen zu diesem etwas anderen Kochbuch. Sei es aus In-
teresse, aus der Not geboren, aus Langeweile oder einfach nur um deinen
Buddies und Alten mal zu zeigen, wie der Hase läuft. Hier findest du für
jeden Hunger und Anlass sowie jedes Budget und Zeitfenster ein hervor-
ragendes Gericht. Egal ob du ausgiebig kochen lernen, marinieren und
schnippeln willst oder einfach nur ganz gechillt ein Fertiggericht richtig
pimpen magst. Schau dir an, wie du, dass Beste aus der Fritteuse, dem
Ofen, dem Sandwichmaker und der Mikrowelle herausholst. Wenn dir das
zu banal ist, schau dir die next Level Gerichte an. Egal ob gesund, vege-
tarisch, fettig, salzig, fleischig, fischig, kreativ, fortgeschritten, fancy oder
einfach nur schnell und billig, du wirst das Passende finden. Dein Gaumen
wird dir danken! Damit dir der Start einfach fällt, gibts ein paar Erklärungen
für Fachbegriffe, ganz ohne Fachgeschwafel. Genug gelabert, jetzt wün-
sche ich dir viel Spaß beim Austoben und natürlich einen **guten Appetit!**

Das Kochbuch für's Smartphone

Am Ende des Buches, auf **Seite 174**, findest du den Link
sowie einen QR-Code, um die Smartphone-Version
deines Kochbuchs herunterzuladen.

Inhalt

Inhalt

Inhalt

Inhalt

Inhalt

Inhalt

Das Kochbuch für's Smartphone

Am Ende des Buches, auf **Seite 174**, findest du den Link sowie einen QR-Code, um die Smartphone-Version deines Kochbuchs herunterzuladen.

Let's Go...

Einleitung

Als Teenager hat man es nicht leicht. Ganz im Gegenteil, neben der anstrengenden Schule bzw. Ausbildung müssen sich die angehenden jungen Erwachsenen schließlich auch noch um ihre Freunde, ihre Hobbys und um die eine oder andere Party kümmern. Zusätzlich sorgt da dann oftmals noch der durcheinander geratene Hormonhaushalt für ständige Müdigkeit und schwankende Launen. Das Kochen überlässt der Teenie da dann gerne seinen Eltern. Schließlich ist es mit der Zubereitung ja nicht getan, denn Kochen verursacht Dreck und diesen muss man dann schließlich auch noch beseitigen, wenn man keinen Stress mit seiner Ma bekommen möchte. Was aber, wenn die Eltern sich einmal für ein paar Tage eine Auszeit gönnen oder aber man als Jugendlicher bereits einen eigenen Haushalt führt? Kaum jemand wird es sich leisten können, täglich den Pizzaboten zu rufen oder die Pommesbude aufzusuchen. Hinzu kommt, dass auch dem hungrigsten Teenager solche Speisen irgendwann aus den Ohren wieder herauskommen. Also ist das Selberkochen gar nicht so verkehrt. Schließlich gibt es zig Gerichte, die in wenigen Minuten fertig sind. Und soll es mal richtig zügig gehen, können auch TK-Fertiggerichte einfach gepimpt werden oder aber man gönnt sich ein One-Pot-Gericht. Wer eine Fritteuse sein Eigen nennt, kann sich hier außerdem etwas Leckeres zaubern. Es gibt genügend Gerichte, die so simpel gestrickt sind, dass diese auch ein Teenie ohne Vorkenntnisse hinkriegt.

Was macht dieses Buch so besonders?

Dieses Kochbuch ist ein Kochbuch, welches extra für Jugendliche geschrieben ist. Die zahlreichen unterschiedlichen Rezepte, die wir hier zum Besten geben, sind demnach so ausgerichtet, dass auch du sie verstehst und einfach nachkochen kannst. Keineswegs handelt es sich aber ausschließlich um Fast Food und Fertiggerichte, denn ebenso kannst du in diesem Kochbuch Omas Lieblinge, Sandwiches, BBQ-Rezepte und vieles mehr für dich entdecken. Möchtest du zudem auch einmal deine Buddies zum Schlemmen einladen, kannst du auch in diesem Fall auf dieses Buch zurückgreifen. Im Grunde findest du hier für einen jeden Anlass die passenden Rezepte. Zudem sollte dir klar sein, dass noch kein Meister vom Himmel gefallen ist. Gerade als hormongesteuerter Teenager kann es schnell mal passieren, dass Zucker mit Salz verwechselt wird, dass die Nudeln eher matschig als bissfest ausfallen oder die selbst gemachte Pizza ein wenig zu kross ausfällt. „Shit happens", beim nächsten Mal klappt's bestimmt besser.

Dieses Teenager-Kochbuch wird dir aber nicht nur eine abwechslungsreiche Küche liefern, denn ebenso findest du hier hilfreiche Tipps und Tricks, die dir helfen, nicht sofort die ganze Küche in Brand zu stecken. Daneben erklären wir dir noch ein paar Kochutensilien, die eine jede Küchenfee kennen sollte. Des Weiteren ist es natürlich ebenso wichtig, zu wissen, was Essen eigentlich so besonders macht. Neben diversen Gewürzen, die auch ein einfaches Mahl enorm pimpen können, ist schließlich auch das Kombinieren verschiedener Nahrungsmittel eine Kunst für sich. Möchtest du, dass deine Gäste so richtig von deinen Kochkünsten begeistert sind, ist das Anrichten der Speisen ebenfalls bedeutend. Bekanntlich isst das Auge immer mit und eine passende Garnitur zum Gericht lässt so manchen Gast mit Sicherheit so richtig steil gehen. Zudem findest du in diesem Buch zu guter Letzt auch ein Kochlexikon. Wir erklären dir also ganz easy, was das ganze Fachgeschwafel zu bedeuten hat. Mit diesem Kochbuch hast du somit einen Alleskönner an der Hand, der aus dir einen hippen Kochprofi macht.

Was macht Essen eigentlich so besonders?

Gestern noch hast du wahrscheinlich Fischstäbchen mit Ketchup und einer gehörigen Portion Pommes geliebt. Dazu gab es dann manchmal noch einen leckeren Gurkensalat. Für die Schulpausen durften zudem in der Brotdose die Apfelschnitze sowie die Möhren nicht fehlen. Das ist nun vorbei, denn du bist ein Teenager, der sich nur zu gerne ausschließlich von Toastbrot ernährt, und das wann er will und so viel er will. Jeder Versuch deiner Eltern, dich zu einer gemeinsamen Mahlzeit zu bewegen, wird zur Entscheidungsschlacht. Das Essen zu festen Zeiten zu verweigern, ist für Pubertierende wie dich eine ganz natürliche Revolte raus aus der Kindheit. Teenies ticken nun einmal anders und wahrscheinlich isst du nur, wenn du gerade nichts anderes Interessantes zu tun hast. Abhängen mit deinen Buddies, endlose Telefonate oder das Schreiben von WhatsApp-Nachrichten, Zocken und Co. spielen gerade die Hauptrolle in deinem Leben. Deine Eltern bringen diese Verhaltensweisen wahrscheinlich in regelmäßigen Abständen zur Weißglut,

was dich aber kaum interessiert.

Hältst du dieses Teenager-Kochbuch jetzt in den Händen, können sich deine Eltern anfangen, zu entspannen, denn du hast erkannt, dass Essen nicht nur aus langweiligem Toastbrot besteht. Ganz im Gegenteil, schon mit dem Einsatz diverser Gewürze wie Currypulver, Muskatnuss, Zimt, Paprikapulver und Ähnlichem lässt sich ein jedes Gericht, und sei es nur die Tiefkühlpizza, in eine kulinarische Köstlichkeit verwandeln. Keineswegs wird Essen nur mit Pfeffer und Salz gewürzt, auch wenn du das bis gerade noch geglaubt hast. Das Gewürzregal in eurer Küche wird noch einiges mehr zu bieten haben und so solltest du hier ruhig mal beherzt zugreifen. Im Nu lassen sich einfache Gerichte so pimpen. Das Gleiche gilt im Übrigen für Saucen. Nicht nur Ketchup sorgt hier für eine Geschmacksexplosion, denn auch Soja-, Curry-, Rahm-, BBQ- und all die anderen Saucen, die es noch so gibt, können einfache Gerichte den nötigen Kick verleihen. Um eine leckere Sauce herzustellen, musst du auch kein Profi am Herd sein, denn das schafft sogar deine kleine Schwester ohne Unterstützung.

Wie du vielleicht weißt, isst das Auge in der Regel immer mit. Auch das einfachste Gericht schmeckt gleich hundertmal besser, wenn es stylisch auf dem Teller angerichtet und eventuell mit Kräutern oder Obst und Gemüsestückchen zusätzlich in Szene gesetzt wird. Auf diese Weise kann schon die einfache Stulle mit Nutella richtig etwas hermachen. Hier kommt es dann allerdings auf die richtige Kombi an. So kannst du das Nutellabrot beispielsweise mit Bananen- oder Erdbeerscheiben pimpen, während Pizza, Flammkuchen oder Wraps besser mit herzhaften Dingen kombiniert werden sollten.

Sei einfach ein abenteuerlicher Esser, der jeden Bissen genießt, denn so lernst du die Aromen kennen, die du schmeckst. Schnell wirst du erkennen, wie sich diese ergänzen und wie dein Essen beschaffen ist. Überlege dir dann, aus welchen Zutaten dein Essen besteht, und nimm dir Zeit, um zu beobachten, wie dieses angerichtet ist.

Tipps und Tricks beim Kochen

Bevor du dir vornimmst, gleich ein 5-Gänge-Menü für deine Freunde zu kochen, solltest du dir überlegen, dass es weitaus einfacher ist, einfache Gerichte zu zaubern. Kochen macht weitaus mehr Spaß, wenn gleich das erste Menü ein Erfolg wird.

Tipp 1: Zu viele Köche verderben den Brei

Mehr als vier Personen sollten auf keinen Fall in der Küche den Kochlöffel schwingen. Außerdem ist es eine gute Wahl, wenn du dich zuerst an der Zubereitung von Pizza oder Pasta versuchst. Beide Gerichte sind im Nu zubereitet, schmecken gut und können einfach nach Geschmack verändert werden.

Tipp 2: Lokal und saisonal

Konzentriere dich am besten auf saisonales Gemüse und unterstütze damit die lokalen Hersteller. Auf diese Weise wirst du wahrscheinlich eine Gemüse- oder Obstsorte entdecken, die du bislang noch nicht kanntest.

Tipp 3: Vergiss den Nachtisch nicht

Natürlich kann die Hauptspeise durch eine Vorspeise und einen Nachtisch ergänzt werden. Bowls sind im Moment auch bei Jugendlichen hip. Gleiches gilt für Speisen aus der Heißluftfritteuse, wenn eine vorhanden ist.

Tipp 4: Einkaufsliste erstellen

Überlege dir im Vorfeld, was du kochen möchtest, wie viele Personen zugegen sein werden und ob es Gäste geben wird, die Nahrungsmittelunverträglichkeiten oder Allergien haben. Ebenso gilt es, sich zu überlegen, ob es unter den geladenen Gästen Vegetarier oder Veganer gibt. Welche Getränke möchtest du anbieten und was geschieht mit den Essensresten? Anschließend solltest du eine Einkaufsliste zum Besten geben und mit dieser dann dem Shoppingvergnügen frönen.

Kochutensilien

Für die Neulinge unter euch gibt es hier eine kurze Einführung, welche Kochutensilien ihr so braucht. So manche Gerätschaft, die man heute kaufen kann, benötigt man eigentlich gar nicht. So einiges ist schlichtweg „nice to have". Der echte Koch zeigt sich ohnehin nicht an der Ausstattung seiner Küche, sondern stets daran, wie das Essen am Ende schmeckt. Dafür braucht man keine Geräte, sondern eher einen guten Geschmack, und den kann man nicht kaufen.

Durchaus wäre es allerdings ein wenig übertrieben, wenn wir behaupten würden, dass du lediglich ein gutes Messer und einen ausreichend großen Topf benötigst – obwohl du im Prinzip mit diesen zwei Utensilien schon einige leckere Gerichte zaubern könntest. Es macht also Sinn, wenn du dein Geld in ein gutes Messer, in eine Pfanne und in einen Topf investierst, wobei Letzteres stets ausreichend groß sein sollte. Beim Rest gilt es, auf Qualität zu achten und nicht den billigsten Shit zu kaufen, auch wenn es noch so verführerisch ist.

Folgende Dinge sollten in deiner Küche zu finden sein:

- Pfannen und Kochtöpfe

Gehörst du zu den etwas tollpatschigen Teenies, denen nur zu gerne alles aus den Händen fällt, ist es ratsam, Kochtöpfe mit Deckel zu kaufen, die komplett aus Edelmetall oder aus Gusseisen bestehen. Diese können auch problemlos in den Backofen geschoben werden, wenn du mal etwas überbacken willst. Beim Kauf der richtigen Pfanne gilt es hingegen, darauf zu achten, dass diese eine Antihaftbeschichtung mitbringt und über einen schweren Boden verfügt.

Mittelgroß sollte im Übrigen die Pfanne sein.

- Schneidebrett und Messer

Ein großes Kochmesser mit breiter Klinge sowie ein kleines scharfes Messer sollten in deiner Küche nicht fehlen. Beim Messerkauf solltest du darauf achten, dass dieses gut in deiner Hand liegt. Beim Kauf des Schneidebrettes empfiehlt es sich hingegen, auf Holz zu setzen, denn dieses Material ist hygienischer als Kunststoff.

Weitere Kochutensilien, die sich bezahlt machen:

- Ein bis zwei Kochlöffel
- Eine Auflaufform
- Ein Sparschäler
- Ein Schneebesen
- Ein Pfannenwender
- Eine Waage
- Ein Dosenöffner
- Ein Sieb
- Ein Schöpflöffel
- Ein Messbecher
- Eine Reibe
- Ein Gemüsehobel

Backzubehör sollte auch nicht fehlen:

- Ein Handrührgerät (Mixer)
- Ein Teigschaber
- Eine Springform
- Ein Silikonpinsel

Gerade beim Backzubehör kann man schnell in die Shoppingfalle tappen, denn diese gibt es wirklich im Übermaß. Von der Gugelhupfform bis hin zu verschiedenen Backförmchen finden sich hier Unmengen Zubehörteile. Lediglich die oben Genannten sind aber wirklich notwendig, wenn du einen Kuchen backen möchtest.

Kochlexikon: Fachgeschwafel einfach erklärt

In den meisten Kochbüchern findest du zig Fachbegriffe, von denen du wahrscheinlich noch nie etwas gehört hast. Damit du in Zukunft einen Plan davon hast, was genau gemeint ist, erklären wir dir das Fachgeschwafel hier einmal kurz und knapp.

Marinieren

Tofu, Fleisch oder auch Gemüse wird in diesem Fall in einen Beutel mit Öl und Gewürzen gelegt und anschließend eine gewisse Zeit im Kühlschrank aufbewahrt, damit die Gewürze besser in das Gemüse, ins Fleisch oder in den Tofu einziehen können.

Gratinieren

Hierbei handelt es sich lediglich um ein anderes Wort für Überbacken.

Verquirlen

In diesem Fall nimmst du eine Gabel zur Hand und verrührst damit die Eier.

Panieren

Beim Panieren wälzt du erst ein Stück Fleisch in Mehl, dann legst du es von beiden Seiten in verquirltes Ei und anschließend wälzt du es noch in Paniermehl.

Parieren

Sehnen sowie Hautstücke werden beim Parieren aus einem Stück Fleisch herausgeschnitten.

Wie du siehst, hält sich das Fachgeschwafel noch in Grenzen und es ist nicht schwer zu verstehen. Somit kann es endlich losgehen mit den ersten Rezepten und mit deinen ersten Kochversuchen.

Frühstück für Langschläfer

Backkartoffeln mit Ei, Speck und Käse

 Dauer
Lang

 Schwierigkeit
Mittel

 Kosten
Mittel

Zutaten für 4 Portionen

- 4 Kartoffeln (groß)
- 4 Eier (groß)
- 125 g Cheddar-Käse (gerieben)
- 6 Streifen Speck

- 2 Esslöffel Schnittlauch (frisch gehackt)
- 1 Esslöffel Pfeffer (schwarz)
- 1 Esslöffel Salz

Zubereitung

01 Im Vorfeld solltest du den Backofen auf 220 Grad Celsius Ober-/Unterhitze stellen, damit dieser sich auf Temperatur bringen kann.

02 Während der Ofen vorheizt, putzt du die Kartoffeln unter Wasser ausgiebig und trocknest diese dann ab. Die Speckstreifen in Würfel zerschneiden.

03 Anschließend legst du die Kartoffeln in eine Auflaufform und schiebst diese für 45 bis 50 Minuten in den Backofen.

04 Danach schneide eine runde Öffnung in jede einzelne Kartoffel und höhle diese dann mithilfe eines Löffels aus.

05 Die ausgehöhlten Kartoffeln dann auf ein Backblech legen und diese mit dem schwarzen Pfeffer sowie dem Salz bestreuen.

06 Jetzt noch einen Teil des geriebenen Cheddar-Käses darübergeben und auf jede Kartoffel ein Ei schlagen.

07 Über das Ei nun den Speck verteilen und darüber den übrigen Cheddar-Käse streuen.

08 Das Backblech mit den Kartoffeln dann erneut für 10 bis 15 Minuten in den Backofen geben. Das Eiweiß sollte fest und das Eigelb sollte noch flüssig sein.

09 Vor dem Servieren die Backkartoffeln nur noch mit dem Schnittlauch bestreuen.

Schmeckt gut dazu: Baguette

Eigene Notizen:

Erdnussbutter-Waffeln

 Dauer
Kurz

 Schwierigkeit
Einfach

 Kosten
Gering

Zutaten für 2 Portionen

- 120 g Weizenmehl
- 100 ml Milch
- 80 g Erdnussbutter
- 50 g Zucker
- 30 g Butter (weich)
- 1 Ei
- 1 Teelöffel Backpulver

Zubereitung

01 Gib den Zucker in eine Schüssel und schlage hier das Ei hinein. Dann verrühre das Ganze mit einem Mixer.

02 Danach gib die Erdnussbutter, die weiche Butter sowie die Milch dazu und vermische alles erneut.

03 Jetzt kannst du das Weizenmehl und das Backpulver zufügen und den Waffelteig ein letztes Mal verrühren.

04 Anschließend füllst du den Teig in einen Spritzbeutel und heizt das Waffeleisen vor.

05 Hat das Waffeleisen seine Temperatur erreicht, kannst du auf jede Herzchen-Form eine walnussgroße Portion Teig spritzen.

06 Zu guter Letzt das Waffeleisen schließen und den Teig eine gute Minute ausbacken lassen.

07 Magst du es gerne etwas crunchiger, kannst du natürlich auch Erdnussbutter mit Stückchen verwenden.

Schmeckt gut dazu: Bananenscheiben

Eigene Notizen:

Rührei im Weissbrot-Boot

 Dauer
Kurz

 Schwierigkeit
Einfach

 Kosten
Gering

Zutaten für 1 Portion

- 1 Scheibe Weißbrot
- 1 Ei
- Ein halber Esslöffel Butter (weich)
- Eine Prise Pfeffer
- Eine Prise Salz

Zubereitung

01 Zuerst bestreichst du die Scheibe Weißbrot von beiden Seiten mit der Butter.

02 Im Anschluss schneidest du einen Kreis in der Mitte des Brotes aus.

03 Jetzt das Ei verquirlen und dieses mit je einer Prise Pfeffer und Salz bestreuen. Das Ganze dann erst einmal zur Seite stellen.

04 Danach erhitzt du eine Pfanne auf dem Herd und backst hier das Weißbrot auf jeder Seite 1 Minute kurz an.

05 Dann gießt du das Ei in die Mitte des Brotes und lässt das Ganze weitere 3 Minuten braten. Umdrehen brauchst du das Brot in der Pfanne nicht.

06 Das Rührei im Weißbrot-Boot servieren.

Schmeckt gut dazu: gerösteter Bacon

Eigene Notizen:

Eier-Schinken-Pfannentoast mit Käse

 Dauer
Kurz

 Schwierigkeit
Einfach

 Kosten
Gering

Zutaten für 2 Portionen

- 6 Scheiben Toast
- 4 Scheiben Gouda
- 4 Scheiben Kochschinken
- 2 Eier

- 2 Schlucke Vollmilch
- 2 Teelöffel Butter
- Nach Bedarf Ahornsirup

Zubereitung

01 Zwei der Toastscheiben zuerst mit etwas Ahornsirup einstreichen.

02 Darauf je eine Scheibe Gouda und eine Scheibe des Kochschinkens legen. Danach das Ganze mit zwei weiteren Toastscheiben zudecken.

03 Dann erneut auf die obere Brotscheibe Ahornsirup geben und darauf wieder je eine Scheibe Gouda und Kochschinken legen. Jetzt die letzten zwei Brotscheiben zum Zuklappen verwenden.

04 Anschließend die Eier in einer Schüssel aufschlagen und diese mit der Milch verrühren.

05 Die fertig belegten Toasts noch einmal fest zusammendrücken und diese rundum in den Eier-Milch-Mix eintauchen.

06 Nun die Butter in einer Pfanne erhitzen und hier die Toasts von beiden Seiten goldbraun anrösten.

Schmeckt gut dazu: ein kaltes Glas Milch

Eigene Notizen:

Gerichte in der Mikrowelle pimpen

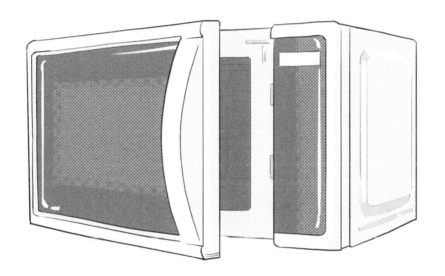

Tassen-Makkaroni mit Käse

 Dauer
Kurz

 Schwierigkeit
Einfach

 Kosten
Gering

Zutaten für 1 Portion

- 70 g Makkaroni
- 70 ml Wasser
- 60 g Cheddar-Käse (gerieben)
- 2 Esslöffel Vollmilch

- 1 Teelöffel Frischkäse
- Eine Prise Pfeffer
- Eine Prise Salz

Zubereitung

01 Zuerst füllst du die Makkaroni in eine Tasse und übergießt diese mit dem Wasser.

02 Danach gib noch eine Prise Salz dazu und stelle die Tasse in die Mikrowelle. Bei höchster Stufe müssen die Tassen-Nudeln jetzt 3 Minuten in der Mikro garen.

03 Anschließend gilt es, die Nudeln einmal gut umzurühren.

04 Jetzt die Milch sowie den Frischkäse unter die Nudeln mischen und den Cheddar-Käse sowie etwas Pfeffer und Salz zufügen.

05 Die Tassen-Makkaroni mit Käse erneut bei höchster Stufe 30 Sekunden in die Mikrowelle geben.

Schmeckt gut dazu: Salat

Eigene Notizen:

Tassen-Omelett mit Kochschinken

 Dauer
Kurz

 **Schwierigkeit**
Einfach

 Kosten
Gering

Zutaten für 1 Portion

- 2 Eier
- 2 Scheiben Kochschinken
- Eine halbe Paprika (rot)

- Eine Prise Salz
- Eine Prise Pfeffer

Zubereitung

01 Zuerst schlägst du die zwei Eier in eine Tasse, die sich für die Mikrowelle eignet. Dann verquirlst du diese mit einer Gabel.

02 Jetzt schneidest du die halbe Paprika in kleine Würfel. Natürlich gilt es, vorher den Stiel, die Kerne und die weißen Stränge herauszunehmen.

03 Die Paprikawürfel kannst du anschließend mit einer Prise Pfeffer sowie Salz zu den Eiern geben. Alles danach erneut verrühren.

04 Nun muss die Tasse nur noch bei höchster Temperatur 3 Minuten in die Mikrowelle gestellt werden.

05 Fertig ist das Tassen-Omelett mit Kochschinken.

Schmeckt gut dazu: Bohnen und Speck

Eigene Notizen:

Gefüllte Tomaten mit Parmesan und Mozzarella

 Dauer
Kurz

 Schwierigkeit
Mittel

 Kosten
Gering

Zutaten für 1 Portion

- 2 Fleischtomaten
- Eine halbe Frühlingszwiebel
- Ein Viertel der Scheibe Toast
- Eine Handvoll Basilikum (frisch)
- 20 g Mozzarella (gerieben)

- 1 Teelöffel Parmesan (gerieben)
- 1 Teelöffel Paniermehl
- Eine Prise Pfeffer
- Eine Prise Salz

Zubereitung

01 Die Fleischtomaten solltest du erst einmal rundum unter Wasser abspülen.

02 Danach den Deckel abschneiden und das Innere aus den Tomaten löffeln.

03 Im Anschluss gilt es, die Basilikumblätter abzubrausen und diese in feine Stückchen zu hacken.

04 Jetzt nur noch die halbe Frühlingszwiebel waschen und diese in dünne Ringe zerschneiden. Das Stück Toastbrot klein würfeln.

05 Nun kannst du den geriebenen Mozzarella mit den Brotwürfeln, den Frühlingszwiebelringen sowie dem Basilikum mischen.

06 Anschließend gilt es, das Paniermehl sowie den Parmesankäse zuzufügen und alles erneut zu verrühren.

07 Die Masse kannst du danach in die zwei ausgehöhlten Fleischtomaten füllen.

08 Diese müssen dann bei 800 Watt in der Mikrowelle 2 bis 3 Minuten lang garen.

Schmeckt gut dazu: frisch aufgebackenes Baguette

Eigene Notizen:

Nudel-Gemüse-Auflauf

 Dauer
Kurz

 Schwierigkeit
Mittel

 Kosten
Mittel

Zutaten für 4 Portionen

- 250 g Gabel-Spaghetti
- 1 Dose Mais (klein)
- 1 Dose Tomatensauce mit Kräutern
- 1 Dose Champignons (klein)
- 200 ml Sahne

- 1 Paprika (rot)
- 100 g Gouda (gerieben)
- Etwas Wasser
- Pfeffer
- Salz

Zubereitung

01 Die Champignons sowie den Mais kannst du einfach in ein Küchensieb zum Abtropfen kippen.

02 Dann die Paprika kurz unter Wasser abbrausen, den Stiel sowie die Innenwände und die Kerne entfernen und das Gemüse in kleine Stückchen zerschneiden.

03 Nun alle Zutaten, abgesehen vom Käse, in eine mikrowellenfeste Schüssel geben und das Ganze verrühren.

04 Die Schüssel dann mit einem Deckel versehen und das Ganze bei 600 Watt eine Viertelstunde in die Mikro geben.

05 Danach den Auflauf einmal umrühren und eventuell noch etwas Wasser zugießen, sollte das Ganze zu fest sein. Zudem solltest du den Auflauf jetzt kurz probieren, um festzustellen, ob noch Pfeffer oder Salz fehlen.

06 Anschließend den geriebenen Gouda über den Auflauf streuen und diesen erneut 10 Minuten in die Mikrowelle schieben.

07 Nach den 10 Minuten solltest du den Nudel-Gemüse-Auflauf noch 5 Minuten in der Mikrowelle belassen und erst dann servieren.

Schmeckt gut dazu: gebratene Hähnchenbrust

Eigene Notizen:

Aus der Fritteuse, aber mit Pep

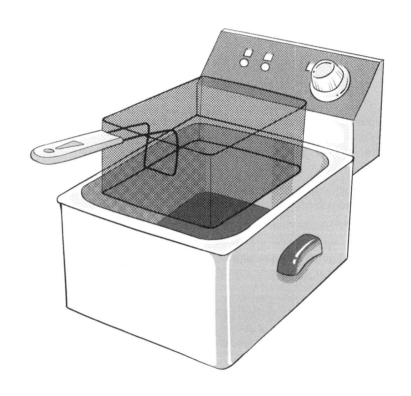

Chili-Käse-Nuggets

 Dauer
Kurz

 Schwierigkeit
Mittel

 Kosten
Gering

Zutaten für 4 Portionen
- 300 g Cheddar-Käse (gerieben)
- 2 Eier
- 55 g Jalapeños
- 8 Esslöffel Paniermehl
- 8 Esslöffel Weizenmehl
- Eine Prise Chilipulver
- Eine Prise Pfeffer
- Eine Prise Salz

Zubereitung

01 Die Jalapeños solltest du vorab kurz abwaschen. Diese dann der Länge nach durchschneiden, die Kerne entnehmen und in feine Stückchen zerteilen.

02 Anschließend werden die Jalapeñostückchen mit dem geriebenen Cheddar-Käse gemischt. Aus dem Mix musst du dann zwölf kleine Nuggets formen.

03 Jetzt die Eier aufschlagen. Das Chilipulver, den Pfeffer sowie das Salz zufügen und das Ganze verquirlen.

04 Das Paniermehl und das Weizenmehl danach separat auf jeweils einen Teller geben.

05 Nun die Chili-Käse-Nuggets erst in dem Ei-Mix und dann in dem Weizenmehl sowie dem Paniermehl wälzen.

06 Zum Schluss die Fritteuse auf 180 Grad Celsius vorheizen und hier die Chili-Käse-Nuggets 2 bis 3 Minuten goldbraun frittieren.

Schmeckt gut dazu: Pommes frites

Eigene Notizen:

Gemüse-Kugeln im Knuspermantel

 Dauer
Mittel

 Schwierigkeit
Mittel

 Kosten
Gering

Zutaten für 2 Portionen

- 200 g Kartoffeln
- 200 g Tortilla-Chips (Chili)
- 2 Möhren
- 1 Zwiebel
- 1 Ei

- 1 Zucchini
- 3 Esslöffel Paniermehl
- 1 Teelöffel Majoran (getrocknet)
- Eine Prise Pfeffer
- Eine Prise Salz

Zubereitung

01 Schäle die Kartoffeln, entferne die Enden an der Zucchini sowie den Möhren und verwandle die Gemüsesorten mit einer Reibe in grobe Raspel.

02 Danach musst du dann noch die Zwiebel aus der Schale nehmen und diese ebenfalls fein stückeln. Die Tortilla-Chips kannst du anschließend in der Tüte klein zerdrücken.

03 Jetzt das gesamte Gemüse in eine Schüssel geben und alles einmal vermischen.

04 Nun verquirlst du das Ei und mischst dieses samt Paniermehl mit allen Gewürzen unter den Gemüse-Mix.

05 Im Anschluss daran kannst du die Fritteuse auf 180 Grad Celsius stellen.

06 Während die Fritteuse vorheizt, schüttest du die zerbröselten Tortilla-Chips in einen Teller, formst aus dem Gemüse-Mix kleine Bällchen und wälzt diese dann in den Chips.

07 Zu guter Letzt gibst du die Gemüse-Kugeln ins heiße Fett und frittierst diese so lange, bis sie eine goldbraune Farbe angenommen haben.

Schmeckt gut dazu: süßsaure Sauce

Eigene Notizen:

Krosse Corn-Dogs

 Dauer
Mittel

 Schwierigkeit
Mittel

 Kosten
Mittel

Zutaten für 4 Portionen

- 4 Wiener Würstchen
- 250 ml Vollmilch
- 125 g Weizenmehl
- 125 g Maismehl (gemahlen)
- 2 Eier
- Ein halbes Päckchen Backpulver
- 1 Esslöffel Zucker
- 1 Teelöffel Salz
- Eine Prise Chilipulver
- Ein Schuss Speiseöl

Zubereitung

01 Zuerst gibst du das Weizenmehl, das Mais-mehl, das Backpulver, den Zucker, das Chili-pulver sowie das Salz in eine Schüssel und mischst das Ganze einmal durch.

02 Dann gießt du die Vollmilch in eine separate Schüssel, schlägst die Eier hier hinein und gibst das Speiseöl dazu. Diesen Mix rührst du mit einem Handmixer schaumig.

03 Die schaumige Masse gilt es dann, in den Mehl-Mix zu geben. Alles erneut ausgiebig durchrühren, bis ein glatter Teig entstanden ist.

04 Jetzt kannst du die Fritteuse auf 180 Grad Celsius stellen.

05 Während diese vorheizt, spießt du die Wiener Würstchen auf Holzspieße und wendest die Würstchen in dem Teig.

06 Danach legst du die Corn-Dogs in die Fritteuse und frittierst diese 3 bis 6 Minuten lang.

07 Die Corn-Dogs sind servierbereit, wenn die-se eine krosse braune Farbe angenommen haben.

Schmeckt gut dazu: Pommes frites

Eigene Notizen:

Knusprige Käse-Bälle

 Dauer
Mittel

 Schwierigkeit
Einfach

 Kosten
Mittel

Zutaten für 4 Portionen

- 400 g Alma 4 formaggi (geriebener Käse)
- 50 g Parmesankäse (gerieben)
- 50 g Gouda (gerieben)
- 2 Eier
- 3 Esslöffel Paniermehl
- 2 Esslöffel Weizenmehl
- Ein halbes Päckchen Backpulver
- Eine Messerspitze Pfeffer

Zubereitung

01 Die Eier in eine Schüssel schlagen, verquirlen und diese dann mit den Käsesorten, dem Backpulver, dem Pfeffer und dem Weizenmehl verrühren.

02 Den Käse-Mix anschließend 1 Stunde in den Kühlschrank stellen.

03 Anschließend die Fritteuse auf 160 Grad Celsius vorheizen.

04 In der Zwischenzeit formst du aus dem Käse-Mix kleine Bälle und wälzt diese in dem Paniermehl.

05 Zum Schluss backst du die Käse-Bälle nur noch knusprig braun im Frittierfett aus.

Schmeckt gut dazu: Johannisbeergelee

Eigene Notizen:

Fertiggerichte richtig pimpen

Ravioli-Lasagne

 Dauer
Kurz

 Schwierigkeit
Einfach

 Kosten
Gering

Zutaten für 2 Portionen

- 1 Dose Ravioli
- 200 g Gouda (gerieben)
- 1 Zwiebel
- 2 Tomaten

- 500 g Hackfleisch (gemischt)
- 2 Lauchzwiebeln
- 1 Esslöffel Sonnenblumenöl

Zubereitung

01 Zuerst wäschst du das Gemüse kurz unter Wasser ab. Dann zerteilst du die Tomaten in kleine Würfel, nimmst die Zwiebel aus der Schale und hackst diese klein und schneidest die Lauchzwiebeln in dünne Ringe.

02 Dann gibst du das Sonnenblumenöl in eine Pfanne, erhitzt dieses und gibst die Zwiebelstückchen hinein.

03 Nach circa 5 Minuten kannst du das gemischte Hackfleisch dazugeben und dieses krümelig anbraten. Das heißt: Mit einem Pfannenwender das Ganze einfach während des Bratens klein zerstoßen.

04 Sobald das Hackfleisch gar ist, kannst du die Tomaten zufügen.

05 Nach ungefähr 2 Minuten folgen dann die Ravioli. Das Ganze einmal umrühren und anschließend in eine Auflaufform geben.

06 Nun den geriebenen Gouda über die Ravioli-Lasagne streuen und die Form für 20 Minuten bei 180 Grad Celsius Ober-/Unterhitze in den Backofen schieben.

Schmeckt gut dazu: geröstetes Brot

Eigene Notizen:

Getunte Margherita-Pizza

 Dauer
Kurz

 Schwierigkeit
Einfach

 Kosten
Gering

Zutaten für 1 Portion

- 1 Pizza Margherita (Tiefkühlung)
- 1 Tomate
- 1 kleine Dose Mais
- Eine halbe Paprika (rot)

- 6 Scheiben Salami
- 100 g Mozzarella (gerieben)
- Eine Prise Oregano

Zubereitung

01 Bevor du die Pizza zubereitest, solltest du erst einmal den Backofen auf 180 Grad Celsius Ober-/Unterhitze stellen.

02 Während der Backofen sich auf Temperatur bringt, kannst du das Gemüse abwaschen. Die Tomaten dann in Scheiben und die halbe Paprika in Würfel zerschneiden.

03 Dann legst du die tiefgekühlte Margherita-Pizza für 5 Minuten in den Ofen.

04 Anschließend nimmst du diese heraus und belegst sie mit den Tomaten, den Paprikawürfeln, der Salami und dem Mais. Über das Ganze streust du den geriebenen Mozzarella-Käse.

05 Jetzt schiebst du die getunte Margherita-Pizza erneut für circa 10 Minuten in den Backofen, bis diese fertig gebacken ist.

06 Zum Schluss noch ein wenig Oregano über die Pizza gestreut und schon ist die getunte Margherita-Pizza fertig.

Schmeckt gut dazu: eisgekühlte Cola

Eigene Notizen:

Gepimpte Lasagne

 Dauer
Kurz

 Schwierigkeit
Einfach

 Kosten
Gering

Zutaten für 1 Portion
- Ein Päckchen Lasagne Bolognese TK
- 1 Tomate
- 3 Esslöffel Mais
- 100 g Gouda (gerieben)

Zubereitung

01 Zuerst solltest du den Ofen vorheizen. 170 Grad Celsius Ober-/Unterhitze sollten reichen.

02 Dann schiebst du die Lasagne nach Packungsanleitung in die Mikrowelle.

03 Während die Lasagne jetzt in der Mikro gart, kannst du schon einmal die Tomate unter Wasser abbrausen und diese in grobe Würfel teilen.

04 Jetzt die Lasagne aus der Mikrowelle nehmen, die Tomatenwürfel, den Mais sowie den geriebenen Gouda über der Lasagne verteilen und das Ganze erneut 10 Minuten in den Ofen schieben.

Schmeckt gut dazu: ein gemischter Salat

Eigene Notizen:

Miracoli nach Art des Hauses

 Dauer
Kurz

 Schwierigkeit
Mittel

 Kosten
Gering

Zutaten für 2 Portionen

- 1 Päckchen Miracoli
- 2 Knoblauchzehen
- 1 Zwiebel (klein)
- Ein Schuss Balsamico-Essig (dunkel)

- 1 Paprika (rot)
- 150 ml Orangensaft
- 1 Esslöffel Olivenöl
- Eine Prise Salz

Zubereitung

01 Zuerst bringst du ausreichend Wasser mit einer Prise Salz zum Kochen, um hier die Spaghetti bissfest zu garen.

02 In der Zwischenzeit spülst du die Paprika ab, entstielst und entkernst diese und bringst erneut einen kleinen Topf Wasser zum Kochen. Sobald das Wasser sprudelt, legst du die Paprikahälften hier für circa 5 Minuten hinein.

03 Anschließend nimmst du die Paprika wieder aus dem Wasser und entfernst die Haut von dem Gemüse. Mit einem Messer solltest du diese jetzt leicht abziehen können.

04 Danach pürierst du die Paprika in einem Standmixer.

05 Nun müssten auch deine Spaghetti fertig sein. Diese gilt es, in ein Sieb zu schütten und mit kaltem Wasser abzuschrecken.

06 Ist das erledigt, kannst du von den Knoblauchzehen und der Zwiebel die Schale entfernen und beides fein zerhacken.

07 Jetzt das Olivenöl in einer Pfanne erhitzen und hier die Zwiebel- und die Knoblauchstücke anbraten.

08 Dann die Miracoli-Sauce nach Anleitung zubereiten und hier den Knoblauch-Zwiebel-Mix unterrühren.

09 Danach die pürierte Paprika sowie einen Schuss Balsamico-Essig untermischen und die Sauce zu guter Letzt mit dem Orangensaft verfeinern.

10 Die Spaghetti mit der gepimpten Miracoli-Sauce anrichten.

Schmeckt gut dazu: geröstetes Brot

Eigene Notizen:

Deine Buddies mit Fancy Food umhauen

Cheesy-Chicken mit Nudeln

 Dauer
Mittel

 Schwierigkeit
Mittel

 Kosten
Mittel

Zutaten für 6 Portionen

- 500 g Nudeln (nach Wahl)
- 700 g Hähnchenbrust
- 2 Esslöffel Butter
- Ein halber Teelöffel Basilikum (getrocknet)
- Ein halber Teelöffel Salz
- Ein halber Teelöffel Oregano (getrocknet)
- Ein halber Teelöffel Pfeffer

Für die Sauce:

- 4 Knoblauchzehen
- 470 ml Vollmilch
- 55 g Parmesankäse (gerieben)
- 3 Esslöffel Weizenmehl
- Ein halber Teelöffel Salz
- Ein halber Teelöffel Oregano (getrocknet)
- Ein halber Teelöffel Basilikum (getrocknet)

Zubereitung

01 Schneide die Hähnchenbrust in mundgerechte Würfel.

02 Dann erhitze die Butter in einer Bratpfanne und gib hier die Hähnchenwürfel hinein. Diese würzt du mit dem Basilikum, dem Salz, dem Pfeffer sowie dem Oregano.

03 Jetzt stellst du den Herd auf mittlere Hitze und garst hier die Hähnchenbrustwürfel circa 8 bis 10 Minuten lang. Anschließend nimmst du das Ganze vom Herd, schüttest das Fleisch in eine Schüssel und stellst das Ganze erst einmal zur Seite.

04 Nun füllst du einen großen Topf mit Wasser und bringst dieses zum Kochen. Gare die Nudeln darin nach Packungsanleitung.

05 Anschließend nimmst du die eben genutzte Bratpfanne wieder zur Hand und schmelzt hier erneut zwei Esslöffel Butter.

06 In der Zwischenzeit hackst du die Knoblauchzehen, ohne Schale, in feine Stückchen und gibst diese dann in die Butter.

07 Sobald die Knoblauchstückchen weich sind, rührst du die halbe Menge des Weizenmehls mit einem Schneebesen hier hinein. Füge dann den Rest des Mehls dazu.

08 Danach gießt du die Vollmilch unter ständigem Rühren dazu und verfeinerst die Sauce mit Salz, Pfeffer, Oregano und Basilikum.

09 Jetzt gib noch den geriebenen Parmesankäse dazu und verrühre die Sauce so lange, bis der Käse geschmolzen ist.

10 Zum Schluss noch die Nudeln abgießen und diese mit der Käse-Sauce zusammen servieren.

Schmeckt gut dazu: Salat

Eigene Notizen

Hack-Kartoffel-Pfanne

 Dauer
Kurz

 Schwierigkeit
Einfach

 Kosten
Gering

Zutaten für 4 Portionen

- 500 g Hackfleisch (gemischt)
- 3 Zwiebeln
- 750 g Kartoffeln
- 4 Esslöffel Olivenöl
- Ein halbes Bund Petersilie (frisch)
- Pfeffer
- Salz

Zubereitung

01 Gib die Hälfte des Olivenöls in eine Bratpfanne und erhitze dieses. Dann gib das Hackfleisch dazu, verfeinere dieses mit etwas Pfeffer und Salz und brate das Hack in der Pfanne krümelig an.

02 Ist das Hackfleisch fertig gegart, schütte dieses in eine Schüssel und stelle diese beiseite.

03 Danach entfernst du die Schale von den Kartoffeln und zerschneidest die Erdäpfel in drei Zentimeter breite Scheiben.

04 Jetzt gibst du das restliche Olivenöl in dieselbe Pfanne und brätst hier deine Kartoffelscheiben, zugedeckt, circa 10 Minuten an. Im Anschluss nimmst du den Deckel von der Pfanne und röstest die Kartoffelscheiben weitere 5 Minuten goldbraun an.

05 Während die Kartoffeln kross werden, nimmst du die Zwiebeln aus der Schale und zerschneidest diese in feine Ringe. Das halbe Bund Petersilie hingegen musst du nur fein zerhacken.

06 Nun gibst du das gebratene Hack, die Zwiebeln sowie die gehackte Petersilie zu den Kartoffeln und brätst das Ganze erneut 3 Minuten durch.

07 Im Anschluss kannst du die Hack-Kartoffel-Pfanne servieren.

Schmeckt gut dazu: gemischter Salat

Eigene Notizen:

Zoodles mit Gemüse-Mix-Curry

 Dauer
Mittel

 Schwierigkeit
Mittel

 Kosten
Mittel

Zutaten für 4 Portionen

- 400 ml Kokosnussmilch (Dose)
- 250 g Zuckerschoten
- 1 kg Zucchini
- 100 g Cashewkerne
- 1 Zwiebel (rot)
- 1 Knoblauchzehe
- 1 Chilischote (rot)
- 1 Paprika (rot)

- Eine halbe Limette
- Etwas Limettensaft
- 1 Esslöffel Currypaste (grün)
- Ein halber Teelöffel Ingwer (gemahlen)
- Ein halber Teelöffel Kreuzkümmel
- Pfeffer
- Salz

Zubereitung

01 Gib das Sonnenblumenöl in eine große Bratpfanne und röste darin 3 Minuten lang die Cashewkerne an. Nimm diese dann aus der Pfanne und stell sie erst einmal zur Seite.

02 Dann nimm den Knoblauch sowie die Zwiebel aus der Schale und schneide beides in Stücke. Die Zwiebel- sowie Knoblauchstückchen gilt es dann, in dem zuvor verwendeten Öl erneut 3 Minuten lang anzubraten.

03 Zwischenzeitlich kannst du die Chilischote längs durchschneiden, die Kerne herausnehmen und die Schote stückeln.

04 Die Chilischotenstückchen mischst du nun mit dem Ingwer und dem Kreuzkümmel unter das Zwiebel-Knoblauch-Gemisch.

05 Nach 2 Minuten gießt du dann die Kokosnussmilch dazu, lässt das Ganze einmal aufkochen und gibst etwas Pfeffer sowie Salz dazu.

06 Im Anschluss daran braust du die Zucchini kurz ab und schneidest um das weiche Kerngehäuse herum dünne Streifen von dem Gemüse ab. Dies funktioniert am besten mit einem Streifenschneider.

07 Die Zoodles, Zucchinistreifen, gibst du jetzt mit in die Sauce und rührst anschließend die grüne Currypaste hinein.

08 Danach reibst du von einer halben Limette die Schale ab und fügst diese ebenfalls in die Sauce.

09 Zum Schluss schmeckst du dein Gericht noch mit etwas Limettensaft, Pfeffer sowie Salz ab.

Schmeckt gut dazu: Bauernsalat

Eigene Notizen:

Gyros-Fladen-Pizza

 Dauer
Kurz

 **Schwierigkeit**
Einfach

 Kosten
Mittel

Zutaten für 4 Portionen

- 800 g Gyros
- 1 Fladenbrot
- 370 g Tomatensauce mit Kräutern
- 2 Zwiebeln
- 50 g Rucola
- 50 g Fetakäse
- 50 g Gouda (gerieben)
- 2 Esslöffel Sonnenblumenöl

Zubereitung

01 Stelle zuerst den Backofen auf 175 Grad Celsius Umluft.

02 Dann löse die Schale von der Zwiebel und schneide diese in Streifen.

03 Danach gib das Sonnenblumenöl in eine Pfanne und brate hier das Gyros samt den Zwiebelstreifen an. Nach ungefähr 5 bis 8 Minuten sollte das Fleisch gar sein. Vergiss nicht, das Ganze immer mal wieder umzurühren.

04 Während das Gyros vor sich hin brutzelt, kannst du schon einmal das Fladenbrot aufschneiden und ein Backblech mit Backpapier auslegen.

05 Auf das Backpapier legst du dann die Fladen-Hälften und verteilst auf beide Seiten erst die Tomatensauce und anschließend das Gyros.

06 Über das Ganze bröckelst du nun den Fetakäse und streust darüber den geriebenen Gouda.

07 Dann schiebst du die Gyros-Fladen-Pizza für eine Viertelstunde in den Backofen.

08 Während diese backt, kannst du den Rucola kurz abbrausen und trocknen. Diesen gilt es, vor dem Verzehr auf die Gyros-Fladen-Pizza zu legen.

Schmeckt gut dazu: Tzatziki

Eigene Notizen:

Rinderhack süss-sauer

 Dauer
Kurz

 Schwierigkeit
Einfach

 Kosten
Gering

Zutaten für 6 Portionen

- 500 g Hackfleisch (Rind)
- 2 Tomaten
- Eine viertel Tasse Senf (mittelscharf)
- 2 Knoblauchzehen
- Eine halbe Paprika (rot)

- 1 Esslöffel Balsamico-Essig
- Eineinhalb Teelöffel Sojasauce
- Eineinhalb Teelöffel Honig (flüssig)
- 2 Esslöffel Rapsöl

Zubereitung

01 Die Tomaten unter Wasser kurz säubern und diese dann in kleine Würfel zerschneiden. Gleiches mit der Paprika in Angriff nehmen.

02 Danach nimmst du die Knoblauchzehen aus der Schale und zerhackst die Zehen in kleine Stücke.

03 Jetzt gibst du das Rapsöl in eine Pfanne, lässt diese heiß werden und brätst hier das Rinderhack krümelig an.

04 Ist das Rinderhack gar, mischst du die Knoblauchstücke sowie die Paprika- und die Tomatenwürfel unter das Hack.

05 Nach circa 3 Minuten fügst du den Senf, den Balsamico-Essig, die Sojasauce sowie den Honig zu und mischst das Ganze erneut ausgiebig.

06 Mit gekochtem Reis schmeckt dieses Gericht besonders gut.

Schmeckt gut dazu: gekochter Reis

Eigene Notizen:

Kochschinken-Nudelauflauf

 Dauer
Kurz

 Schwierigkeit
Einfach

 Kosten
Gering

Zutaten für 4 Portionen

- 280 g Kochschinken
- 200 ml Sahne
- 200 g Nudeln
- 280 g Gouda (gerieben)
- 3 Paprika (rot)

- 1 Zwiebel
- 2 Esslöffel Pflanzenöl
- Pfeffer
- Salz

Zubereitung

01 Bevor es ans Kochen geht, solltest du den Ofen auf 180 Grad Celsius Ober-/Unterhitze stellen.

02 Danach gilt es, ausreichend Wasser in einen Kochtopf zu geben und hier die Nudeln, nach Anleitung, bissfest zu kochen. Vergiss nicht, ins Wasser eine Prise Salz zu geben.

03 Anschließend schälst du die Zwiebel ab und hackst diese klein. Den Kochschinken gilt es, lediglich in kleine Würfel zu zerteilen. Gleiches kannst du mit der Paprika machen.

04 Jetzt die Nudeln abgießen und diese mit dem klein geschnittenen Gemüse und dem Kochschinken in eine Auflaufform geben. Das Ganze gut umrühren.

05 Nun musst du noch den geriebenen Gouda mit der Sahne, in einer separaten Schüssel, verrühren und die Sauce mit Pfeffer sowie Salz nach Geschmack würzen. Diese schüttest du dann über den Auflauf.

06 Zu guter Letzt schiebst du die Auflaufform für 20 Minuten in den Ofen.

Schmeckt gut dazu: Salat nach Wahl

Eigene Notizen:

Deinen Alten zeigen, wie der Hase läuft

Knusper-Seelachs mit Tomate und Käse

 Dauer
Mittel

 Schwierigkeit
Mittel

 Kosten
Mittel

Zutaten für 2 Portionen

- 300 g Seelachsfilet
- 60 g Gouda (gerieben)
- 4 Tomaten
- 2 Scheiben Toastbrot

- 3 Esslöffel Schnittlauch (frisch gehackt)
- 1 Esslöffel Butter
- Pfeffer
- Salz

Zubereitung

01 Bevor du dich mit dem Seelachs befasst, solltest du den Ofen auf 200 Grad Celsius Ober-/Unterhitze stellen.

02 Dann schneidest du erst einmal zwei Toastscheiben in kleine Würfel und gibst die Butter in eine Pfanne. Röste die Toastwürfel darin goldbraun an.

03 Anschließend nimmst du die gerösteten Würfel aus der Pfanne, gibst diese in eine Schüssel und stellst das Ganze erst einmal beiseite.

04 Danach spülst du die Tomaten kurz unter Wasser ab und zerschneidest diese in Scheiben.

05 Den geriebenen Gouda mischst du jetzt mit den Toastwürfeln sowie dem zuvor klein zerhackten Schnittlauch.

06 Nun teilst du den Fisch in zwei gleich große Stücke und bestreust diesen mit etwas Pfeffer und Salz. Gleiches machst du mit den Tomatenscheiben.

07 Im Anschluss daran legst du zuerst die Tomatenscheiben in eine Auflaufform und darauf platzierst du die Fischstücke.

08 Das Ganze gibst du nun für 15 bis 20 Minuten in den Backofen.

Schmeckt gut dazu: Bratkartoffeln

Eigene Notizen:

Hack-Kichererbsen-Pfanne mit Fetakäse

 Dauer
Mittel

 Schwierigkeit
Einfach

 Kosten
Mittel

Zutaten für 2 Portionen

- 300 g Hackfleisch (gemischt)
- 150 g Kichererbsen (Dose)
- 100 g Fetakäse
- 1 Zwiebel
- 1 Paprika (rot)
- Eine halbe Knoblauchzehe
- 1 Chilischote (grün)

- Ein halbes Bund Petersilie
- 2 Esslöffel Tomatenmark
- 2 Esslöffel Sonnenblumenöl
- 1 Teelöffel Kreuzkümmel
- Etwas Wasser
- Pfeffer
- Salz

Zubereitung

01 Die halbe Knoblauchzehe sowie die Zwiebel aus der Schale nehmen und beides dann in feine Stückchen zerhacken.

02 Jetzt musst du noch die Chilischote längs teilen, die Kerne herausnehmen und die Schote ebenfalls klein zerschneiden. Die Paprika hingegen gilt es, erst zu entstielen und zu entkernen und dann zu würfeln.

03 Nun gibst du das Sonnenblumenöl in eine Pfanne und brätst darin das gemischte Hackfleisch krümelig. Das Hack wird mit Pfeffer, Kreuzkümmel sowie Salz gewürzt.

04 Im Anschluss fügst du die Paprikawürfel, die Chilischote sowie die Zwiebel- und die Knoblauchstückchen hinzu und lässt das Ganze weitere 5 Minuten garen.

05 Nach den 5 Minuten kannst du das Tomatenmark unter den Hack-Gemüse-Mix mischen.

06 Das Ganze gilt es dann, mit einem guten Schuss Wasser zu verfeinern.

07 Den Mix gilt es jetzt, einmal zum Kochen zu bringen und anschließend bei mittlerer Hitze weitere 5 Minuten köcheln zu lassen.

08 Dann kannst du die Kichererbsen in ein Küchensieb schütten, mit kaltem Wasser abspülen und abtropfen lassen.

09 Währenddessen die Petersilie fein zerhacken und den Fetakäse fein zerschneiden oder zerbröseln.

10 Im Anschluss daran kannst du die Kichererbsen unter die Hack-Gemüse-Pfanne rühren und alles weitere 3 Minuten köcheln lassen.

11 Zum Schluss den Pfanneninhalt erneut mit Pfeffer, Kreuzkümmel und Salz abschmecken und das Ganze mit dem Fetakäse sowie der Petersilie bestreuen.

Schmeckt gut dazu: Brot

Eigene Notizen:

Schnitzelpfanne mit Pasta

 Dauer
Mittel

 Schwierigkeit
Mittel

 Kosten
Mittel

Zutaten für 2 Portionen

- 150 g Schweineschnitzel
- 200 g Spiralnudeln
- 100 g Sahne
- 80 g Erbsen (TK)
- 25 ml Weißwein (trocken)
- Eine halbe Zwiebel

- 1 Esslöffel Pflanzenöl
- 2 Stiele Schnittlauch
- Ein halber Teelöffel Weizenmehl
- Pfeffer
- Salz

Zubereitung

01 Zuerst solltest du die Spiralnudeln nach Anleitung der Packung in ausreichend Salzwasser kochen.

02 Während die Pasta gart, kannst du den Schnittlauch in feine Röllchen zerteilen und die halbe Zwiebel, ohne Schale, fein zerstückeln.

03 Im Anschluss gilt es noch, die Schnitzel in Streifen zu zerschneiden.

04 Dann gibst du das Pflanzenöl in eine Pfanne, erhitzt dieses und brätst darin die Schnitzelstreifen an. Diese gilt es, mit etwas Pfeffer sowie Salz zu bestreuen. Anschließend das Fleisch aus der Pfanne nehmen und zur Seite stellen.

05 Nun die Zwiebelstückchen in derselben Pfanne andünsten. Nach 2 bis 3 Minuten streust du über die Zwiebeln das Weizenmehl und rührst das Ganze ausgiebig um.

06 Jetzt gießt du die Sahne sowie den Weißwein dazu und mischst alles erneut ordentlich durch. Das Ganze muss nun ungefähr 5 Minuten köcheln.

07 Danach kannst du die Erbsen sowie das Fleisch mit in die Pfanne geben und das Ganze mit Pfeffer sowie Salz geschmacklich verfeinern.

08 Zum Schluss die Nudeln abgießen und die Schnitzelpfanne mit den Schnittlauchröllchen bestreuen.

Schmeckt gut dazu: Salat nach Wahl

Eigene Notizen:

Hack-Paprika-Pfanne mit Reis

 Dauer
Kurz

 Schwierigkeit
Einfach

 Kosten
Gering

Zutaten für 2 Portionen

- 300 g Hackfleisch (gemischt)
- 125 g Reis
- Eine halbe Knoblauchzehe
- 65 ml Gemüsebrühe
- Ein halbes Glas Tomatensauce
- 1 Paprika (rot)
- Etwas Ingwerpulver
- 1 Zwiebel
- 1 Esslöffel Sonnenblumenöl
- Pfeffer
- Salz

Zubereitung

01 Zuallererst bringst du 250 ml Wasser mit einer Prise Salz zum Kochen und garst darin den Reis.

02 Während der Reis ungefähr 12 Minuten vor sich hin köchelt, kannst du die Paprika säubern, entstielen, entkernen und würfeln. Die Zwiebel sowie die halbe Knoblauchzehe gilt es dagegen, aus der Schale zu lösen, um dann beides fein zu stückeln.

03 Im Anschluss daran nimmst du das Sonnenblumenöl, gießt dieses in eine Pfanne, erhitzt es und brätst darin das gemischte Hackfleisch krümelig. Vergiss nicht, das Fleisch zu pfeffern und zu salzen.

04 Sobald das Hackfleisch durchgebraten ist, nimmst du dieses heraus und brätst in derselben Pfanne stattdessen das zuvor klein geschnittene Gemüse.

05 Nach ungefähr 5 Minuten kannst du dann die Gemüsebrühe zum Gemüse geben.

06 Jetzt noch den zuvor abgegossenen Reis, das gebratene Hack sowie das halbe Glas Tomatensauce zufügen, alles umrühren und mit Pfeffer, Ingwerpulver und Salz würzen.

Schmeckt gut dazu: Bauernsalat

Eigene Notizen:

Cremige Hähnchen-Pfanne mit Gnocchi

 Dauer
Mittel

 Schwierigkeit
Einfach

 Kosten
Mittel

Zutaten für 2 Portionen

- 300 g Hähnchenfilets (2 Stück)
- 250 g Möhren
- 125 ml Milch
- 250 g Gnocchi
- 75 g Frischkäse
- 75 g Crème fraîche

- 2 Esslöffel Sonnenblumenöl
- Etwas Muskatnuss (gemahlen)
- 2 Stiele Petersilie
- Pfeffer
- Salz

Zubereitung

01 Von den Möhren kannst du die Enden entfernen, die Schale abnehmen und das Gemüse dann in Scheiben zerteilen.

02 Die Hähnchenbrustfilets müssen hingegen lediglich längs halbiert werden.

03 Nun gibst du das Sonnenblumenöl in eine Bratpfanne und brätst darin das Fleisch von jeder Seite 4 Minuten an. Zudem gilt es, die Filets mit Pfeffer sowie Salz zu verfeinern. Sobald die Hähnchenfilets fertig geröstet sind, kannst du diese aus der Pfanne nehmen.

04 In derselben Pfanne röstest du jetzt die Möhrenscheiben an. Bestreue auch das Gemüse mit ein wenig Salz und Pfeffer.

05 Nach ungefähr 5 Minuten mischst du dann die Gnocchi unter die Möhren und brätst das Ganze weitere 5 Minuten.

06 In der Zwischenzeit verrührst du die Milch mit 65 g des Frischkäses und verfeinerst das Ganze mit etwas Pfeffer, Muskatnuss sowie Salz.

07 Die Frischkäse-Sauce rührst du dann unter die Möhren-Gnocchi-Pfanne und legst auch gleich die zuvor gerösteten Hähnchenbrustfilets mit dazu. Lass das Ganze circa 8 Minuten köcheln.

08 Währenddessen verrührst du den übrigen Frischkäse mit der Crème fraîche und verfeinerst auch diesen Mix mit ein wenig Pfeffer und Salz.

09 Nun hackst du noch kurz die Petersilie klein und streust diese über die cremige Hähnchen-Pfanne.

10 Die Hähnchen-Pfanne mit Gnocchi servierst du jetzt mit dem Crème-fraîche-Dip.

Schmeckt gut dazu: Salat nach Wahl

Eigene Notizen:

Deinen Schwarm mit gutem Essen verzaubern

Erdnuss-Hähnchen-Gulasch

 Dauer
Mittel

 Schwierigkeit
Mittel

 Kosten
Mittel

Zutaten für 2 Portionen

- 300 g Hähnchenbrustfilet
- 100 g Sahne
- 125 g Champignons (frisch)
- 100 g Kirschtomaten
- 2 Esslöffel Erdnusscreme
- 1 Esslöffel geröstete Erdnüsse (gesalzen)

- 1 Esslöffel Sojasauce
- 2 Esslöffel Pflanzenöl
- 50 ml Wasser
- Pfeffer
- Salz

Zubereitung

01 Zuerst würfelst du die Hähnchenbrustfilets.

02 Die Champignons dagegen musst du erst putzen und dann schneidest du diese in Hälften. Gleiches machst du mit den Kirschtomaten.

03 Im Anschluss erhitzt du das Pflanzenöl in einer Pfanne und brätst darin die Hähnchenwürfel an. Vergiss nicht, diese mit ein wenig Pfeffer sowie Salz zu bestreuen.

04 Sobald die Hähnchenwürfel gar sind, nimmst du diese aus der Pfanne und gibst stattdessen die Champignons hinein. Auch diese solltest du mit Pfeffer und Salz würzen und goldbraun anbraten.

05 Danach gießt du 50 ml Wasser und die Sahne zu den Champignons und rührst die Erdnusscreme hinein.

06 Das Ganze gilt es, anschließend einmal aufzukochen und dann mit den Hähnchenwürfeln und den Kirschtomaten zu mischen. 5 Minuten muss das Gericht nun köcheln.

07 In der Zwischenzeit hackst du die Erdnüsse klein und mischst diese mit der Sojasauce unter das Erdnuss-Hähnchen-Gulasch.

08 Zu guter Letzt solltest du alles noch einmal mit Pfeffer sowie Salz abschmecken.

Schmeckt gut dazu: Nudeln oder Reis

Eigene Notizen:

Mozzarella-Pasta

 Dauer
Kurz

 Schwierigkeit
Einfach

 Kosten
Gering

Zutaten für 2 Portionen

- 500 g Cocktailtomaten
- 1 Zwiebel
- 250 g Pasta (nach Wahl)
- 3 Knoblauchzehen
- 500 ml Wasser

- 1 Kugel Mozzarella
- 4 Esslöffel Tomatenmark
- Pfeffer
- Salz

Zubereitung

01 Nimm die Schale von den Knoblauchzehen und der Zwiebel und hacke beides in kleine Stückchen. Den Mozzarella zerschneidest du in kleine Würfel.

02 Die Tomaten musst du lediglich in Hälften teilen.

03 Jetzt gibst du die noch trockene Pasta mit dem Tomatenmark sowie den Zwiebel- und Knoblauchstücken in einen Kochtopf und mischst das Ganze einmal durch.

04 Danach gießt du das Wasser dazu, gibst noch etwas Pfeffer sowie Salz dazu und bringst alles zum Kochen.

05 Nach einer Kochzeit von 10 Minuten fügst du die Mozzarellawürfel und die halbierten Cocktailtomaten hinzu und lässt alles weitere 5 Minuten köcheln.

06 Schmecke alles noch einmal mit Pfeffer und Salz ab und serviere das Gericht deinem Schwarm.

Schmeckt gut dazu: gemischter Salat

Eigene Notizen:

Thunfisch-Paprika-Tagliatelle

 Dauer
Kurz

 Schwierigkeit
Einfach

 Kosten
Gering

Zutaten für 4 Portionen

- 2 Dosen Thunfisch (in Öl)
- 500 ml Gemüsebrühe
- 400 g Tagliatelle
- 150 ml Dosentomaten (passiert)
- 250 g Cocktailtomaten
- 250 g Naturjoghurt
- 1 Paprika (gelb)
- 1 Paprika (rot)
- Pfeffer
- Salz

Zubereitung

01 Wasche das gesamte Gemüse und schneide dann die Paprikaschoten sowie die Tomaten in Würfel.

02 Den Thunfisch gibst du in ein Küchensieb, damit dieser abtropfen kann.

03 Jetzt schüttest du die Tagliatelle, im noch trockenen Zustand, in einen Kochtopf und gibst auch gleich die Tomaten, die Paprikastücke sowie den Thunfisch dazu.

04 Jetzt die Nudeln abgießen und diese mit dem klein geschnittenen Gemüse und dem Kochschinken in eine Auflaufform geben. Das Ganze gut umrühren.

05 Es folgen die passierten Dosentomaten, der Naturjoghurt sowie die Gemüsebrühe. Das Ganze erneut einmal durchmischen und salzen sowie pfeffern.

06 Zum Schluss den Topfinhalt zum Kochen bringen und alles so lange weiterkochen lassen, bis die Tagliatelle bissfest gegart sind. Vergiss nicht, dein Essen zwischendurch immer mal wieder umzurühren.

Schmeckt gut dazu: Salat nach Wahl

Eigene Notizen:

Gemüse-Kartoffel-Pfanne

 Dauer
Kurz

 Schwierigkeit
Einfach

 Kosten
Gering

Zutaten für 4 Portionen

- 400 g Kartoffeln
- 120 g Gouda (gerieben)
- 300 ml Wasser
- 250 g Zucchini
- 3 Paprika (rot)

- 1 Stange Lauch
- 2 Esslöffel Sonnenblumenöl
- Pfeffer
- Salz

Zubereitung

01 Schäle die Kartoffeln und schneide diese in Würfel.

02 Jetzt gibst du die Kartoffelwürfel mit einer Prise Salz und den 300 ml Wasser in einen Kochtopf und bringst diese zum Kochen. Eine Viertelstunde müssen diese circa garen.

03 Während die Kartoffelwürfel kochen, wäschst du das Gemüse ab. Die Paprikaschoten musst du jetzt entstielen, entkernen und ebenfalls in Würfel zerschneiden. Die Zucchini erhalten dieselbe Form. Lediglich den Lauch kannst du in feine Ringe zerteilen.

04 Nun gießt du das Sonnenblumenöl in eine Bratpfanne, erhitzt dieses und brätst darin das gesamte Gemüse an.

05 Sobald die Kartoffeln fertig sind, gießt du diese ab und mischst sie unter das Gemüse in der Pfanne.

06 Bestreue den Pfanneninhalt mit Pfeffer sowie Salz. Sind die Kartoffeln goldbraun geröstet, streust du den geriebenen Käse über das Ganze und kannst dein Essen servieren.

Schmeckt gut dazu: gebratenes Hähnchen-brustfilet

Eigene Notizen:

Gemüse-Reis-Hühnchen

 Dauer
Mittel

 Schwierigkeit
Einfach

 Kosten
Mittel

Zutaten für 4 Portionen

- 500 g Hähnchenbrustfilet
- 600 ml Gemüsebrühe
- 125 g Erbsen (TK)
- 4 Knoblauchzehen
- 1 Dose Tomaten (stückig)
- 250 g Reis
- 1 Zwiebel
- 3 Esslöffel Olivenöl
- Etwas Kurkuma (gemahlen)
- Etwas Paprikapulver (edelsüß)
- Pfeffer
- Salz

Zubereitung

01 Am besten schneidest du zuerst das Hähnchenbrustfilet in kleine Stücke.

02 Dann löst du die Schalen von den Knoblauchzehen und der Zwiebel und hackst beides in feine Stücke.

03 Nun gibst du das Olivenöl in eine Bratpfanne, lässt dieses heiß werden und brätst das Fleisch darin goldbraun an.

04 Anschließend mischst du die Knoblauch- und die Zwiebelstückchen unter und lässt alles weitere 3 Minuten braten.

05 Danach rührst du den Reis ein und fügst die stückigen Dosentomaten, die Erbsen sowie die Gemüsebrühe hinzu. Rühre alles um und verfeinere das Gericht mit etwas Kurkuma, Paprikapulver, Salz sowie Pfeffer.

06 Das Gemüse-Reis-Hühnchen muss nun so lange kochen, bis die Flüssigkeit verdampft ist.

07 Bevor du dieses Essen servierst, solltest du erneut eine Geschmacksprobe nehmen. Eventuell musst du das Ganze noch einmal nachwürzen.

Schmeckt gut dazu: Salat nach Wahl

Eigene Notizen:

Omas Lieblinge

Buletten nach Grossmutters Art

 Dauer
Mittel

 Schwierigkeit
Mittel

 Kosten
Mittel

Zutaten für 4 Portionen

- 500 g Hackfleisch (gemischt)
- 1 Zwiebel
- 1 Brötchen (altbacken)
- 1 Ei
- 2 Teelöffel Petersilie (getrocknet)
- 1 Teelöffel Paprikapulver (edelsüß)

- 1 Teelöffel Senf (mittelscharf)
- 1 Teelöffel Majoran (getrocknet)
- 1 Teelöffel Maggi
- Pfeffer
- 2 Esslöffel Margarine

Zubereitung

01 Das Brötchen legst du in eine Schüssel mit kaltem Wasser, bis dieses aufgeweicht ist. Dann drückst du das Brötchen aus und gibst dieses mit dem gemischten Hackfleisch in eine Schüssel.

02 Jetzt löst du die Schale von der Zwiebel und hackst das Gemüse in kleine Stückchen. Diese fügst du dem Hack-Mix zu.

03 Danach schlägst du das Ei zum Hack und gibst Senf, Maggi sowie die anderen Gewürze dazu.

04 Das Ganze knetest du nun ordentlich mit den Händen durch und formst anschließend aus der Masse kleine Buletten.

05 Dann gibst du die Margarine in eine Pfanne, lässt diese heiß werden und brätst darin deine Buletten. So solltest du diese erst von beiden Seiten scharf anbraten und dann bei mittlerer Hitze durchgaren.

Schmeckt gut dazu: Pommes frites

Eigene Notizen:

Krosse Reibekuchen

 Dauer
Kurz

 Schwierigkeit
Mittel

 Kosten
Gering

Zutaten für 4 Portionen
- 12 Kartoffeln (groß)
- 2 Eier
- 3 Zwiebeln
- 8 Esslöffel Weizenmehl
- 4 Esslöffel Sonnenblumenöl
- Pfeffer
- Salz

Zubereitung

01 Zuallererst solltest du die Kartoffeln von ihrer Schale befreien. Dann nimmst du eine Reibe zur Hand und raspelst die Kartoffeln.

02 Im Anschluss daran würzt du die Kartoffelraspel mit viel Pfeffer sowie Salz.

03 Nun zerstückelst du noch die Zwiebel, natürlich ohne Schale, und mischst die Zwiebelstücke unter die Kartoffeln.

04 Danach schlägst du die zwei Eier dazu und rührst das Ganze erneut ausgiebig durch.

05 Jetzt streust du noch das Weizenmehl über die Kartoffeln und mischst alles wieder gut durch.

06 Zum Schluss lässt du das Sonnenblumenöl in einer Bratpfanne heiß werden und backst hier portionsweise die Reibekuchen goldgelb aus. Die Reibekuchen müssen übrigens im Öl schwimmen.

Schmeckt gut dazu: Apfelmus

Eigene Notizen:

Rindergulasch

 Dauer
Lang

 Schwierigkeit
Mittel

 Kosten
Mittel

Zutaten für 6 Portionen

- 1.000 g Rindergulasch
- 600 ml Rinderbrühe
- 50 g Knollensellerie
- 4 Zwiebeln (groß)
- 2 Lorbeerblätter
- 1 Möhre

- 2 Esslöffel Tomatenmark
- 2 Esslöffel Butterschmalz
- 1 Teelöffel Paprikapulver (edelsüß)
- 1 Teelöffel Paprikapulver (rosenscharf)
- Pfeffer
- Salz

Zubereitung

01 Die Zwiebel aus der Schale nehmen und in kleine Stücke zerschneiden. Dann die Möhre sowie die Knollensellerie fein würfeln.

02 Anschließend erhitzt du das Butterschmalz in einer Pfanne und röstest darin die Zwiebelstücke sowie die Knollensellerie- und die Möhrenwürfel an.

03 Danach rührst du das Tomatenmark ins Gemüse und dünstest alles so lange an, bis sich eine glatte Masse ergibt.

04 Nun fügst du die beiden Paprikapulversorten zu und gießt dann die Rinderbrühe dazu.

05 Jetzt noch das Rindergulasch und die Lorbeerblätter zugeben und alles einmal zum Kochen bringen. Bei kleiner Hitze muss das Ganze jetzt, zugedeckt, 2 Stunden köcheln.

06 Nach den 2 Stunden schmeckst du das Gulasch noch mit Pfeffer und Salz ab und kannst dieses dann servieren.

Schmeckt gut dazu: Baguette

Eigene Notizen:

Kartoffelsalat

 Dauer
Mittel

 Schwierigkeit
Einfach

 Kosten
Mittel

Zutaten für 4 Portionen

- 1.000 g Kartoffeln (festkochend)
- 75 g Zwiebeln
- 250 ml Gemüsebrühe
- 125 g Mayonnaise
- 3 Eier
- Eineinhalb Esslöffel Essig (mild)
- 1 Teelöffel Senf (mittelscharf)
- Eine halbe Fleischwurst
- 6 Gewürzgurken
- Eine Prise Zucker
- Etwas Pfeffer
- Etwas Salz

Zubereitung

01 Die Kartoffeln kannst du am besten schon am Vortag samt Schale in Wasser kochen. Dann die Kartoffeln abpellen und in dünne Scheiben zerteilen.

02 Dann die Eier hart kochen und diese anschließend mit den Gewürzgurken, der Fleischwurst sowie der Zwiebel in Würfel zerschneiden.

03 Die klein geschnittenen Zutaten anschließend unter die Kartoffelscheiben mischen.

04 Jetzt die Gemüsebrühe mit dem Essig in einen Topf geben und den Senf, den Zucker sowie etwas Salz und Pfeffer unterrühren. Das Ganze einmal aufkochen und abkühlen lassen.

05 Nun den Topfinhalt unter den Kartoffelsalat mischen und das Ganze im Kühlschrank circa 1 Stunde durchziehen lassen.

06 Zum Schluss die Mayonnaise unterrühren.

Schmeckt gut dazu: Wiener Würstchen

Eigene Notizen:

Einzigartige Gerichte mit dem Sandwichmaker und dem Kontaktgrill

Speck-Barbecue-Sandwich

 Dauer
Kurz

 Schwierigkeit
Einfach

 Kosten
Gering

Zutaten für 1 Portion

- 2 Scheiben Toastbrot
- 8 Scheiben Speck
- Eine halbe Kugel Mozzarella

- 1 Ei
- 2 Teelöffel Barbecue-Sauce

Zubereitung

01 Schneide in eine Scheibe Toastbrot ein Loch und erhitze dann eine beschichtete Pfanne. Hier schlägst du das Ei hinein und wendest das Ganze nach 2 Minuten. Dann nimmst du den Ei-Toast aus der Pfanne.

02 Jetzt verteilst du die Barbecue-Sauce auf der anderen Scheibe Toast und zerteilst den Mozzarella in Scheiben. Diese legst du auf die Barbecue-Sauce.

03 Anschließend klappst du die beiden Toastscheiben zu und umwickelst das Ganze mit den Speckscheiben.

04 Zu guter Letzt musst du nur noch den Sandwichmaker vorheizen und hier das Speck-Barbecue-Sandwich circa 6 bis 8 Minuten lang knusprig braun anrösten.

Schmeckt gut dazu: Pommes frites

Eigene Notizen:

Mozzarella-Tomaten-Sandwich

 Dauer
Kurz

 Schwierigkeit
Einfach

 Kosten
Gering

Zutaten für 1 Portion

- 2 Scheiben Toastbrot
- Eine halbe Kugel Mozzarella
- Eine halbe Tomate
- Etwas Olivenöl
- Etwas Balsamico-Essig
- Etwas Basilikum (frisch)
- Pfeffer
- Salz

Zubereitung

01 Teile die halbe Kugel Mozzarella sowie die halbe Tomate in dünne Scheiben und lege beides auf eine Toastscheibe.

02 Würze anschließend mit ein paar Tropfen Olivenöl und Balsamico-Essig und bestreue das Ganze mit ein wenig Pfeffer sowie Salz.

03 Jetzt hackst du ein paar frische Basilikumblätter klein und verteilst auch diese über dem Tomaten-Mozzarella-Mix.

04 Dann klappst du das Toastbrot zu und stellst den Sandwichmaker an.

05 Sobald dieser seine Temperatur erreicht hat, röstest du hier dein Sandwich goldbraun an.

Schmeckt gut dazu: Salat nach Wahl

Eigene Notizen:

Wiener Sandwich

 Dauer
Kurz

 Schwierigkeit
Einfach

 Kosten
Gering

Zutaten für 1 Portion

- 2 Scheiben Toastbrot
- 1 Wiener Wurst
- 1 Gewürzgurke
- 2 Teelöffel Röstzwiebeln
- Etwas Senf (mittelscharf)
- Etwas Ketchup

Zubereitung

01 Verteile auf der einen Toastscheibe etwas von dem mittelscharfen Senf und streiche auf die andere ein wenig Ketchup.

02 Jetzt schneidest du die Wiener Wurst einmal in der Mitte durch und teilst diese dann noch einmal längs. Lege die Wurst auf den Senf.

03 Danach schneidest du die Gewürzgurke in Scheiben und legst diese ebenfalls auf das Toastbrot mit der Wiener Wurst. Darüber streust du nun die Röstzwiebeln und klappst das Brot mit der Ketchupseite zu.

04 Jetzt nimmst du den Sandwichmaker in Betrieb und backst hier dein Sandwich 5 Minuten lang.

Schmeckt gut dazu: Salat nach Wahl

Eigene Notizen:

Tomaten-Currywurst-Panini

 Dauer
Kurz

 Schwierigkeit
Einfach

 Kosten
Gering

Zutaten für 2 Portionen

- 2 Ciabatta-Brötchen
- 2 Rostbratwürste
- 1 Tomate
- 1 Zwiebel (rot)
- 1 Teelöffel Currypulver
- 1 Teelöffel Olivenöl

Zubereitung

01 Im Vorfeld versorgst du erst einmal den Kontaktgrill mit Strom, damit dieser vorheizen kann.

02 Dann zerteilst du die Tomate, nachdem du sie gewaschen hast, in dünne Scheiben. Der Zwiebel gibst du dieselbe Form, natürlich ohne Schale.

03 Danach streichst du etwas Olivenöl auf die Kontaktgrillflächen und legst hier die Rostbratwürste sowie die Zwiebel- und Tomatenscheiben darauf. 4 Minuten muss das Ganze grillen.

04 Zwischenzeitlich kannst du dann schon einmal die Ciabatta-Brötchen aufschneiden.

05 Anschließend schneidest du die fertig gegrillten Rostbratwürste ebenfalls in Scheiben und verteilst diese auf die unteren Hälften der Brötchen. Darauf legst du dann die Tomaten- sowie die Zwiebelscheiden und bestreust alles mit Currypulver.

06 Nun klappst du die Ciabatta-Brötchen zu und legst diese für 5 Minuten auf den Kontaktgrill.

Schmeckt gut dazu: Pommes frites

Eigene Notizen:

Bacon-Pizzaröllchen

 Dauer
Kurz

 Schwierigkeit
Einfach

 Kosten
Gering

Zutaten für 2 Portionen

- 1 Rolle Pizzateig (aus der Kühlung)
- 150 g Bacon
- 50 g Tomatenmark
- Etwas Paprikapulver (edelsüß)
- Etwas Rosmarin (getrocknet)
- 1 Esslöffel Olivenöl
- Pfeffer
- Salz

Zubereitung

01 Bevor du die Pizzaröllchen zubereitest, heize erst einmal den Kontaktgrill vor.

02 Während sich das Gerät auf Temperatur bringt, rollst du den fertigen Pizzateig aus und schneidest diesen in vier Zentimeter breite Streifen.

03 Auf die Pizzastreifen verteilst du dann das Tomatenmark und legst darauf den Bacon.

04 Nun rollst du jeden belegten Pizzastreifen auf, pinselst jeden Streifen mit Olivenöl ein und bestreust das Ganze mit den oben genannten Gewürzen.

05 Danach musst du die Bacon-Pizzaröllchen nur noch für 9 Minuten auf den Kontaktgrill legen.

Schmeckt gut dazu: Thunfisch-Salat

Eigene Notizen:

One-Pot-Gerichte, wenig Geschirr und ultra Geschmack

Champignon-Pasta-Pott

 Dauer
Mittel

 Schwierigkeit
Einfach

 Kosten
Mittel

Zutaten für 4 Portionen

- 400 g Nudeln (nach Wahl)
- 100 g Erbsen (TK)
- 1 Zwiebel
- 280 g Champignons (frisch)
- 200 g Dosentomaten (stückig)

- 1 Paprika (rot)
- 500 ml Gemüsebrühe
- Etwas Olivenöl
- Pfeffer
- Salz

Zubereitung

01 Zuerst säuberst du die Champignons und teilst diese anschließend in Hälften.

02 Danach braust du die Paprika kurz unter Wasser ab, entfernst den Stiel sowie das Innenleben und zerschneidest die Schote in Würfel.

03 Die Zwiebel gilt es, ohne Schale fein zu zerhacken.

04 Jetzt gibst du sämtliche Zutaten in einen Kochtopf und kochst das Ganze circa 20 Minuten.

05 Zum Schluss musst du den Champignon-Pasta-Pott nur noch mit Pfeffer sowie Salz geschmacklich verfeinern.

Schmeckt gut dazu: geröstetes Baguette

Eigene Notizen:

Cremiger Nudel-Hack-Topf

 Dauer
Kurz

 Schwierigkeit
Einfach

 Kosten
Gering

Zutaten für 4 Portionen
- 500 g Nudeln (nach Wahl)
- 500 g Hackfleisch (gemischt)
- 1 Brühwürfel
- 1 Zwiebel
- 200 g Sauerrahm
- 2 Esslöffel Senf (mittelscharf)

- 1 Esslöffel Sonnenblumenöl
- Etwas Paprikapulver (edelsüß)
- Wasser
- Pfeffer
- Salz

Zubereitung

01 Gib in eine Bratpfanne das Sonnenblumenöl und röste hier das gemischte Hackfleisch kross an.

02 Während das Hack gart, nimmst du die Zwiebel aus der Schale und zerhackst diese.

03 Dann würzt du das Hackfleisch mit Pfeffer, Paprikapulver sowie Salz und rührst den Brühwürfel und den Senf unter.

04 Danach gibst du die noch trockenen Nudeln dazu, rührst alles um und gießt so viel Wasser zu, dass das Ganze bedeckt ist.

05 Bring den Inhalt zum Kochen und lass den Nudel-Hack-Topf anschließend, bei mittlerer Hitze, weitere 10 Minuten köcheln, bis die Nudeln bissfest sind.

06 Am Ende der Garzeit mischst du den Sauerrahm unter und kochst alles erneut einmal auf.

Schmeckt gut dazu: Tomatensalat

Eigene Notizen:

Lachs-Curry-Reis-Pott

 Dauer
Mittel

 Schwierigkeit
Einfach

 Kosten
Mittel

Zutaten für 4 Portionen
- 2 Stücke Lachsfilet
- 300 ml Gemüsebrühe
- 300 ml Kokosnussmilch
- 250 g Basmatireis
- 4 Lauchzwiebeln
- 2 Tomaten
- 3 Esslöffel Currypulver
- Pfeffer
- Salz

Zubereitung

01 Putze die Lauchzwiebeln und schneide diese dann in dünne Ringe. Die Tomaten gilt es, in mundgerechte Stücke zu zerschneiden. Gleiches machst du mit dem Fisch.

02 Jetzt rührst du das Currypulver in die Gemüsebrühe und gibst anschließend alle weiteren Zutaten in den Topf, auch den noch trockenen Basmatireis.

03 Das Ganze stellst du nun auf die Herdplatte und bringst es zum Kochen. Lass das Gericht so lange weiterköcheln, bis der Basmatireis fertig gegart ist.

04 Vor dem Servieren schmeckst du das Gericht noch mit Pfeffer sowie Salz ab.

Schmeckt gut dazu: gemischter Salat

Eigene Notizen:

Bratwurst-Käse-Topf mit Pasta

 Dauer
Mittel

 Schwierigkeit
Einfach

 Kosten
Mittel

Zutaten für 4 Portionen

- 300 g Nudeln (nach Wahl)
- 130 g Mozzarella (gerieben)
- 60 g Parmesankäse (gerieben)
- 2 Bratwürste (grob)
- 200 g Dosentomaten (passiert)
- 200 g Dosentomaten (stückig)

- 125 ml Wasser
- 2 Zwiebeln
- 1 Knoblauchzehe
- Etwas Sonnenblumenöl
- Pfeffer
- Salz

Zubereitung

01 Nimm die Knoblauchzehe sowie die Zwiebeln aus der Schale und hacke beides in feine Stückchen.

02 Anschließend erhitzt du das Sonnenblumenöl in einer Pfanne. Drücke das Innere der Bratwürste dann in die Pfanne und brate das Ganze mit den Knoblauch- sowie Zwiebelstückchen zusammen an.

03 Danach gibst du sowohl die stückigen als auch die passierten Tomaten dazu und gießt das Ganze mit 125 ml Wasser auf. Bringe alles zum Kochen.

04 Jetzt rührst du die noch trockenen Nudeln unter den Mix und lässt alles 20 Minuten köcheln.

05 Sobald die Nudeln bissfest gegart sind, mischst du die beiden Käsesorten unter und verfeinerst das Gericht mit Pfeffer sowie Salz.

Schmeckt gut dazu: Gurkensalat

Eigene Notizen:

Gemüse-Ravioli-Topf

 Dauer
Kurz

 Schwierigkeit
Einfach

 Kosten
Mittel

Zutaten für 4 Portionen

- 300 g Ravioli (küchenfertig aus der Kühlung)
- 320 ml Gemüsebrühe
- 200 g Dosentomaten (stückig)
- 2 Möhren
- 2 Stangen Sellerie
- 1 Zwiebel
- 2 Knoblauchzehen
- Etwas Oregano (getrocknet)
- 2 Esslöffel Olivenöl
- Pfeffer
- Salz

Zubereitung

01 Putze zuerst den Stangensellerie sowie die Möhren und zerteile beides dann in kleine Würfel.

02 Nimm dann die Knoblauchzehen aus ihrer Schale und hacke diese klein. Mach dasselbe mit der Zwiebel.

03 Schütte nun das Olivenöl in eine Pfanne, lass dieses heiß werden und brate hier die Knoblauch- und Zwiebelstücke an.

04 Nach ungefähr 3 Minuten kannst du die Möhren- und Selleriewürfel zugeben.

05 Lass den Gemüse-Mix weitere 5 Minuten braten und füge anschließend die Gemüsebrühe und die Dosentomaten hinzu.

06 Nach weiteren 10 Minuten kannst du die Sauce mit Pfeffer sowie Salz geschmacklich abrunden.

07 Zum Schluss mischst du die Ravioli unter und lässt alles noch weitere 5 Minuten köcheln.

Schmeckt gut dazu: Salat nach Wahl

Eigene Notizen:

Spaghetti-Kürbis-Pott

 Dauer
Kurz

 Schwierigkeit
Einfach

 Kosten
Mittel

Zutaten für 4 Portionen

- 500 g Spaghetti
- 750 ml Gemüsebrühe
- 120 ml Sahne
- 100 g Gorgonzola
- Ein halber Hokkaidokürbis

- 2 Knoblauchzehen
- Etwas Basilikum (getrocknet)
- Etwas Öl
- Pfeffer
- Salz

Zubereitung

01 Als Erstes nimmst du das Fruchtfleisch aus dem Kürbis, entfernst die Kerne und schneidest dieses in Stücke.

02 Im Anschluss schälst du die Knoblauchzehen und hackst diese klein.

03 Dann erhitzt du das Öl in einer Bratpfanne und röstest hier die Knoblauchstücke an.

04 Nach ungefähr 3 Minuten gibst du das Kürbis-Fruchtfleisch hinzu und lässt dieses weitere 5 Minuten mitgaren.

05 Danach gießt du die Gemüsebrühe dazu, bringst das Ganze zum Kochen und fügst dann die noch trockenen Spaghetti dazu, wobei du diese einmal durchbrichst.

06 Lass alles so lange weiterköcheln, bis die Spaghetti gar sind.

07 Anschließend rührst du die Sahne ein und bröckelst den Gorgonzola dazu. Rühre alles gut um und würze das Ganze mit Pfeffer, etwas Basilikum sowie Salz.

Schmeckt gut dazu: frisches Baguette

Eigene Notizen:

BBQ mit deinen Jungs und Mädels

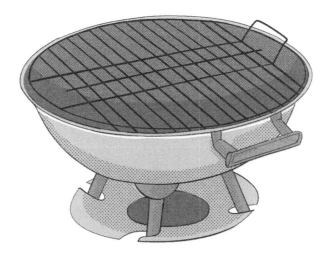

Gegrillte Kalbssteaks

 Dauer
Kurz

 Schwierigkeit
Einfach

 Kosten
Mittel

Zutaten für 4 Portionen

- 4 Kalbssteaks
- 1 Zwiebel
- 2 Zweige Thymian (frisch)
- 2 Esslöffel Sonnenblumenöl
- 1 Esslöffel Rotweinessig

- 1 Lorbeerblatt
- 1 Teelöffel Senf (mittelscharf)
- 1 Teelöffel Zucker
- Pfeffer
- Salz

Zubereitung

01 Die Zwiebel nimmst du erst einmal aus der Schale und schneidest diese dann in feine Stückchen.

02 Anschließend hackst du den Thymian klein und verrührst diesen mit dem Senf, den Zwiebelstückchen, dem Sonnenblumenöl, dem Zucker sowie dem Lorbeerblatt. Die Marinade musst du dann noch mit etwas Pfeffer sowie Salz verfeinern.

03 Nun die Steaks in die Marinade legen und über Nacht in den Kühlschrank stellen.

04 Am nächsten Tag kannst du den Grill vorheizen, die Steaks auf die heißeste Stelle legen und jede Seite 2 Minuten scharf anrösten.

05 Anschließend legst du die Steaks weitere 5 Minuten an den Rand des Grillrostes.

Schmeckt gut dazu: Pommes frites

Eigene Notizen:

Spareribs in Honigsauce

 Dauer
Kurz

 Schwierigkeit
Einfach

 Kosten
Mittel

Zutaten für 4 Portionen

- 1.500 g Spareribs
- 2 Knoblauchzehen
- Saft einer Zitrone
- 2 Esslöffel brauner Zucker
- 3 Esslöffel Sojasauce

- 3 Esslöffel Honig (flüssig)
- 5 Esslöffel Olivenöl
- Pfeffer
- Salz

Zubereitung

01 Schneide die Spareribs in Portionen und lege diese in eine flache Schüssel.

02 Dann nimm die Knoblauchzehen aus der Schale und presse den Knoblauch durch eine Presse.

03 Jetzt quetsche noch die Zitrone aus und mische den Saft anschließend mit dem Knoblauch, dem braunen Zucker, der Sojasauce, dem Honig sowie dem Olivenöl. Pfeffere und salze die Marinade.

04 Nun lege die Spareribs in die Marinade und lasse diese 3 Stunden darin ziehen. Am besten stellst du das Ganze in dieser Zeit in den Kühlschrank.

05 Im Anschluss legst du die Spareribs für 20 Minuten auf den vorgeheizten Grill und wendest diese immer mal wieder. Außerdem solltest du die Spareribs zwischendurch mit der Marinade bepinseln.

Schmeckt gut dazu: Kartoffelecken

Eigene Notizen:

Bierdosen-Huhn

 Dauer
Mittel

 Schwierigkeit
Einfach

 Kosten
Mittel

Zutaten für 4 Portionen

- 1 Dose Bier
- 1 Hähnchen (2,5 kg)
- 2 Zweige Rosmarin
- 7 Knoblauchzehen
- 2 Esslöffel Paprikapulver
- 2 Teelöffel Zwiebelpulver

- 2 Teelöffel Kreuzkümmel
- 2 Teelöffel Koriander (gemahlen)
- 2 Teelöffel Pfeffer (gemahlen)
- 2 Teelöffel Senfkörner (gemahlen)
- 2 Teelöffel Senf (mittelscharf)
- 2 Esslöffel Olivenöl

Zubereitung

01 Hacke zunächst drei der Knoblauchzehen, ohne Schale, klein.

02 Mische die Knoblauchstückchen mit dem Paprikapulver, dem Zwiebelpulver, dem Kreuzkümmel, dem Koriander, dem Pfeffer, den Senfkörnern sowie dem Senf.

03 Danach reibst du das küchenfertige Hähnchen mit dem Olivenöl ein und bestreust das Ganze dann mit der zuvor zubereiteten Gewürzmischung.

04 Nun die Hälfte des Biers aus der Dose in ein Glas gießen und die übrigen Knoblauchzehen, ohne Schale, fein zerhacken.

05 Sowohl den Rosmarin als auch die Knoblauchstückchen jetzt in die Bierdose geben.

06 Stülpe das Hähnchen dann über die Dose und grille es 90 Minuten lang bei 175 Grad Celsius.

Schmeckt gut dazu: Pommes frites und Salat

Eigene Notizen:

Leckeres aus dem Ofen

Ramen-Nudeln-Lasagne

 Dauer
Kurz

 Schwierigkeit
Einfach

 Kosten
Gering

Zutaten für 3 Portionen

- 3 Päckchen Ramen-Nudeln (Instant-Nudeln)
- 500 ml Dosentomaten (passiert)
- 200 ml Sahne
- 200 ml Wasser

- 100 g Cheddar-Käse (Scheiben)
- 100 g Parmesankäse (gerieben)
- 1 Teelöffel Pfeffer
- 1 Teelöffel Salz

Zubereitung

01 Zuerst stellst du den Backofen auf 175 Grad Celsius Ober-/Unterhitze.

02 Anschließend mischst du das Wasser mit der Sahne sowie den Dosentomaten und verfeinerst die Sauce mit Pfeffer und Salz.

03 Jetzt schüttest du die Hälfte der Ramen-Nudeln in eine Auflaufform und übergießt diese mit der Hälfte der Sauce.

04 Darüber verteilst du dann die Scheiben Cheddar-Käse und fügst dann die übrigen Instant-Nudeln sowie die restliche Sauce dazu. Über die Lasagne streust du nun den Parmesankäse.

05 Schiebe das Ganze für 25 Minuten in den Backofen.

Schmeckt gut dazu: geröstetes Baguette

Eigene Notizen:

Kartoffelgratin

 Dauer
Mittel

 Schwierigkeit
Einfach

 Kosten
Gering

Zutaten für 4 Portionen

- 1.000 g Kartoffeln (festkochend)
- 500 ml Gemüsebrühe
- 200 ml Sahne
- 120 g Gouda (gerieben)
- 2 Eier
- 2 Stangen Lauch

- 2 Knoblauchzehen
- 3 Esslöffel Rapsöl
- Etwas Butter
- Etwas Muskatnuss
- Pfeffer
- Salz

Zubereitung

01 Bepinsle eine Auflaufform mit ein wenig Butter und stelle den Backofen auf 180 Grad Celsius Ober-/Unterhitze.

02 Im Anschluss entfernst du die Schale von den Kartoffeln und schneidest die Erdäpfel in dünne Scheiben.

03 Danach gießt du die Gemüsebrühe in einen Kochtopf, bringst diese zum Kochen und garst darin die Kartoffelscheiben. Gib ins Wasser etwas Pfeffer und Salz.

04 Während die Kartoffeln garen, zerteilst du den Lauch in Ringe und zerhackst die Knoblauchzehen, ohne Schale, in feine Stücke.

05 Jetzt erhitzt du das Rapsöl in einer Pfanne und brätst hier circa 5 Minuten lang die Knoblauchstückchen mit den Lauchringen an.

06 Anschließend verrührst du die Sahne mit den Eiern in einer Schüssel und schmeckst die Sauce mit Pfeffer, Muskatnuss sowie Salz ab.

07 Schichte dann die Kartoffelscheiben, die du inzwischen abgegossen haben solltest, mit dem Lauch-Knoblauch-Mix in der Auflaufform. Übergieße das Ganze mit der Sauce, streue den geriebenen Gouda darüber und schiebe das Kartoffelgratin für eine halbe Stunde in den Ofen.

Schmeckt gut dazu: Schnitzel

Eigene Notizen:

Reis-Hähnchen-Auflauf

 Dauer
Kurz

 Schwierigkeit
Einfach

 Kosten
Mittel

Zutaten für 8 Portionen

- 2 Dosen Hühnercremesuppe
- 125 ml Wasser
- 200 g Reis
- 250 ml Vollmilch
- 1 Tüte Zwiebelsuppe

- 3 Hühnerbrustfilets
- 200 g Cheddar-Käse (gerieben)
- Pfeffer
- Salz

Zubereitung

01 Bevor du dich an die Zubereitung dieses Auflaufs machst, schaltest du den Backofen auf 180 Grad Celsius Ober-/Unterhitze.

02 Dann mischst du die Vollmilch mit dem Wasser, der Zwiebelsuppe, der Hühnercremesuppe sowie dem Reis in einer Schüssel und schüttest das Ganze anschließend in eine Auflaufform.

03 Danach verteilst du die Hälfte des geriebenen Cheddar-Käses darüber.

04 Anschließend braust du noch kurz die Hühnerbrustfilets unter Wasser ab, bestreust diese mit Pfeffer und Salz und legst das Fleisch ebenfalls in die Auflaufform.

05 Decke die Auflaufform nun mit einem Stück Alufolie ab und gib das Ganze für 90 Minuten in den Backofen.

06 Eine halbe Stunde vor Ende der Backzeit entfernst du die Folie, fügst den übrigen Käse dazu und lässt den Auflauf weitere 30 Minuten bräunen.

Schmeckt gut dazu: Salat nach Wahl

Eigene Notizen:

Mozzarella-Hähnchen mit Sahne-Sauce

 Dauer
Mittel

 Schwierigkeit
Einfach

 Kosten
Mittel

Zutaten für 4 Portionen

- 125 g Kirschtomaten
- 2 Hühnerbrustfilets
- 100 ml Sahne
- 65 g Mozzarella (gerieben)
- 50 g Schmelzkäse

- 1 Esslöffel Kräuterbutter
- 1 Esslöffel Olivenöl
- 3 Blätter Basilikum
- Pfeffer
- Salz

Zubereitung

01 Die Hähnchenbrustfilets kurz unter Wasser abspülen, trocknen und rundum mit etwas Pfeffer sowie Salz bestreuen.

02 Dann kannst du das Olivenöl in einer Bratpfanne heiß werden lassen und hier die Hähnchenbrustfilets von jeder Seite 5 Minuten goldbraun anrösten.

03 Die Kirschtomaten lediglich in Hälften zerteilen und die Basilikumblätter klein hacken.

04 Nimm das Fleisch nun aus der Pfanne und gieße stattdessen die Sahne hinein. Sobald diese heiß ist, rühre den Schmelzkäse hinein und verfeinere die Sauce mit Pfeffer, Salz und dem gehackten Basilikum.

05 Jetzt stellst du erst einmal den Backofen auf 200 Grad Celsius Ober-/Unterhitze.

06 Während dieser sich auf Temperatur bringt, legst du die gebratenen Hähnchenbrustfilets in eine Auflaufform und legst darüber die halbierten Kirschtomaten.

07 Über das Ganze schüttest du die Käse-Sahne-Sauce, dann verteilst du den geriebenen Mozzarella darauf. Darauf legst du dann die Kräuterbutter und schiebst die Form für eine halbe Stunde in den Ofen.

Schmeckt gut dazu: Reis

Eigene Notizen:

Marinierte Hähnchenflügel

 Dauer
Kurz

 Schwierigkeit
Einfach

 Kosten
Mittel

Zutaten für 6 Portionen

- 2.000 g Hähnchenflügel
- 70 ml Orangenblütenhonig
- 25 ml Essig

- 2 Esslöffel Paprikapulver (edelsüß)
- 2 Esslöffel Salz
- 1 Teelöffel Pfeffer (schwarz)

Zubereitung

01 Schalte den Backofen zuerst auf 190 Grad Celsius Ober-/Unterhitze.

02 Während dieser jetzt Zeit hat, vorzuheizen, mischst du den Orangenblütenhonig mit dem Essig, dem Paprikapulver, dem Pfeffer sowie dem Salz.

03 Wasche anschließend noch kurz die Hähnchenflügel ab und lege diese dann in die Marinade. Mische das Ganze gut durch.

04 Nun legst du Backpapier auf ein Backblech, legst hierauf die marinierten Hähnchenflügel und schiebst das Ganze für 20 bis 25 Minuten in den Backofen.

Schmeckt gut dazu: Salat nach Wahl oder Pommes frites

Eigene Notizen:

Hotdogs besser als in New York

Bratwurst-Hotdog

 Dauer
Kurz

 Schwierigkeit
Einfach

 Kosten
Gering

Zutaten für 4 Portionen

- 4 Bratwürste
- 4 Hotdog-Brötchen
- 300 g Kirschtomaten
- 150 g Fetakäse
- 1 Zwiebel (rot)
- 2 Esslöffel Weißwein-Essig

- Ein halbes Bund Petersilie
- 1 Teelöffel Zucker
- 3 Esslöffel Öl
- 4 Esslöffel Tomatenketchup
- Pfeffer
- Salz

Zubereitung

01 Als Erstes wäschst du die Kirschtomaten und schneidest diese in Viertel. Die Zwiebel hingegen schälst du erst ab und teilst diese in feine Streifen. Den Fetakäse würfelst du, während die Petersilie fein zerhackt wird.

02 Im Anschluss mischst du den Weißwein-Essig mit dem Zucker und rührst dann mit einem Schneebesen zwei Esslöffel von dem Öl unter.

03 Würze die Marinade mit Pfeffer und Salz und hebe dann die Tomatenstücke, die Zwiebelstreifen und den Fetakäse unter.

04 Jetzt lass eine Pfanne, ohne Öl, heiß werden, halbiere die Hotdog-Brötchen und lege diese mit den Schnittflächen nach unten hier hinein. 2 Minuten müssen die Brötchen rösten.

05 Nimm danach die Brötchen heraus, erhitze in der Pfanne das übrige Öl und brate hier die Würstchen an. Nach 3 bis 4 Minuten müssten auch diese fertig sein.

06 Klemme nun in ein jedes Hotdog-Brötchen eine Bratwurst, verteile darauf jeweils einen Esslöffel Tomatenketchup und die zuvor zubereitete Tomaten-Zwiebel-Marinade.

Schmeckt gut dazu: Pommes frites

Eigene Notizen:

Hotdog chilenischer Art

 Dauer
Kurz

 Schwierigkeit
Einfach

 Kosten
Mittel

Zutaten für 4 Portionen

- 4 Wiener Würstchen
- 4 Hotdog-Brötchen
- 2 Tomaten
- 20 g Röstzwiebeln
- 4 Mini-Römersalatblätter
- 1 Avocado
- 1 Knoblauchzehe

- 50 g Salatmayonnaise
- 1 Chilischote (rot)
- Ein halber Teelöffel Currypulver
- 2 Esslöffel Zitronensaft
- Etwas Zucker
- Pfeffer
- Salz

Zubereitung

01 Die Knoblauchzehe abschälen und fein zerhacken. Dann die Avocado in Hälften teilen, den Kern herausnehmen und die Schale von dem Fruchtfleisch lösen. Dieses nun in Würfel zerschneiden.

02 Die Avocadowürfel jetzt mit dem Zitronensaft und dem Knoblauch zusammen fein pürieren.

03 Jetzt noch die Chilischote entstielen, entkernen und fein zerhacken. Die Stückchen ebenfalls unter das Avocado-Püree mischen. Dieses dann mit Pfeffer, Zucker und Salz geschmacklich in Szene setzen.

04 Im Anschluss die Wiener Würstchen in Wasser legen und das Ganze erhitzen.

05 Während die Würstchen heiß werden, kannst du die Salatmayonnaise mit dem Currypulver verrühren, den Salat waschen und die Tomaten in Scheiben zerteilen. Die Hotdog-Brötchen längs aufschneiden, aber nicht ganz.

06 Nun die Hotdog-Brötchen mit jeweils einem Salatblatt sowie einer Tomatenscheibe versehen und alles ein wenig pfeffern sowie salzen.

07 Darauf dann je zwei Esslöffel von dem Avocado-Püree geben, eine Wurst in jedes Brötchen legen und über das Ganze die Curry-Mayonnaise sowie die Röstzwiebeln geben.

Schmeckt gut dazu: Salat nach Wahl oder Pommes frites

Eigene Notizen:

Hotdog Light

 Dauer
Kurz

 Schwierigkeit
Einfach

 Kosten
Mittel

Zutaten für 4 Portionen

- 4 Hotdog-Brötchen
- 4 Wiener Würstchen
- 40 g Naturjoghurt (fettarm)
- 80 g Salatcreme (16 % Fett)
- 60 g Dänischer Gurkensalat (Glas)
- Eine Prise Zucker

- 4 Esslöffel Tomatenketchup
- 2 Esslöffel Röstzwiebeln
- 4 Teelöffel Senf (mittelscharf)
- 1 Esslöffel gemischte Kräuter (TK)
- Pfeffer
- Salz

Zubereitung

01 Mische zuerst den Naturjoghurt mit den gemischten Kräutern und der fettarmen Salatcreme. Schmecke das Ganze anschließend
mit ein wenig Pfeffer, einer Prise Zucker und
Salz ab.

02 Koche dann einen Topf mit Wasser auf und
lege hier die Wiener Würstchen für ungefähr
5 Minuten hinein.

03 Während die Würstchen sich erwärmen, kip-
pe die Gurken zum Abtropfen in ein Sieb und
schneide die Hotdog-Brötchen halb auf.

04 Anschließend legst du in jedes Brötchen eine
Wiener Wurst und verteilst darauf deine zuvor zubereitete Sauce sowie etwas Tomatenketchup und Senf.

05 Zum Schluss legst du noch ein paar Gurkenscheiben darauf und bestreust das Ganze
mit Röstzwiebeln.

Schmeckt gut dazu: Salat nach Wahl

Eigene Notizen:

New Yorker Hotdog

 Dauer
Kurz

 Schwierigkeit
Einfach

 Kosten
Mittel

Zutaten für 4 Portionen

- 4 Wiener Würstchen
- 4 Hotdog-Brötchen
- 130 g Sauerkraut
- 80 ml Wasser
- 4 Esslöffel Senf (grob)
- 40 ml Tomatenketchup

- 2 Zwiebeln
- Etwas Zimtpulver
- Etwas Chilipulver
- Etwas Cayennepfeffer
- Eineinhalb Esslöffel Olivenöl

Zubereitung

01 Nimm die Schale von den Zwiebeln und zerschneide das Gemüse in feine Scheiben.

02 Dann gibst du das Olivenöl in eine Pfanne und brätst hier die Zwiebelscheiben ungefähr 10 Minuten kross an. Bestreue diese mit ein wenig Zimt, Cayennepfeffer sowie Chilipulver.

03 Nach 10 Minuten gießt du das Wasser sowie den Tomatenketchup dazu und mischst das Ganze einmal durch. Lass alles Weitere 10 bis 15 Minuten vor sich hin köcheln.

04 Während die Sauce köchelt, gib die Wiener Würstchen ins Wasser und erhitze diese. Schneide die Hotdog-Brötchen auch gleich halb auf.

05 Zu guter Letzt lege in ein jedes Brötchen eine Wurst, verteile das Sauerkraut darauf und gib die Sauce sowie den groben Senf über das Ganze.

Schmeckt gut dazu: Süßkartoffel-Pommes

Eigene Notizen:

Cheese-Hotdog mit Hack

 Dauer
Kurz

 Schwierigkeit
Einfach

 Kosten
Gering

Zutaten für 4 Portionen

- 400 g Rinderhack
- 200 g Cheddar-Käse (am Stück)
- 4 Hotdog-Brötchen
- Eine halbe Salatgurke
- 1 Tomate
- Etwas Senf (mittelscharf)
- Etwas Tomatenketchup
- 2 Esslöffel Sonnenblumenöl
- Pfeffer
- Salz

Zubereitung

01 Die Hotdog-Brötchen teilst du der Länge nach bis zur Hälfte. Dann schneidest du den Cheddar-Käse in einen Zentimeter breite Streifen.

02 Anschließend gibst du das Rinderhack in eine Schüssel und verfeinerst dieses mit einer Portion Pfeffer und Salz.

03 Jetzt musst du das Rinderhack in vier gleich große Portionen aufteilen und eine jede Portion flach ausrollen. Darauf legst du jeweils einen Streifen Cheddar-Käse und rollst das Ganze dann auf.

04 Gib nun das Sonnenblumenöl in eine Pfanne und brate hier die Hack-Würstchen von allen Seiten an. Sind diese rundum gebräunt, wähle die mittlere Stufe deines Herdes und gare das Ganze 5 bis 6 Minuten lang durch.

05 Zum Schluss legst du je eine Hackfleisch-Wurst in ein Hotdog-Brötchen und verfeinerst diese mit etwas Senf und Tomatenketchup.

06 Schneide noch die Tomate sowie die Salatgurke in Scheiben und lege auch diese auf den Hotdog.

Schmeckt gut dazu: Pommes frites

Eigene Notizen:

Pizza & Flammkuchen mal anders

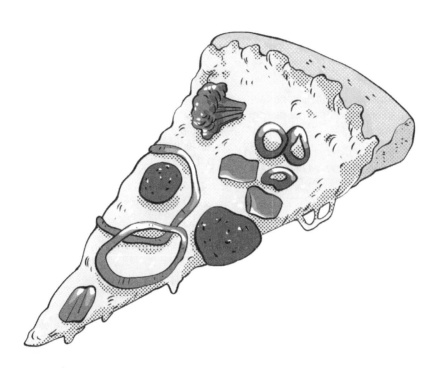

BBQ-Americano Pizza

 Dauer
Kurz

 Schwierigkeit
Einfach

 Kosten
Mittel

Zutaten für 1 Portion

- 1 runder Pizzateig (Kühlung)
- 80 g Cheddar-Käse (gerieben)
- Eine halbe Paprika (rot)
- 60 g Hähnchenbrustfilet
- 50 g Mais (Dose)

- 2 Esslöffel Barbecue-Sauce
- 2 Esslöffel Öl
- Pfeffer
- Salz

Zubereitung

01 Heize zuerst den Backofen auf 180 Grad Celsius Ober-/Unterhitze vor und lege Backpapier auf ein Backblech.

02 Dann lege den küchenfertigen Pizzaboden auf das Backpapier und verteile auf diesem die Barbecue-Sauce.

03 Jetzt würfelst du das Hähnchenbrustfilet und brätst dieses in einer Pfanne mit etwas Öl goldbraun an. Vergiss nicht, das Fleisch mit Pfeffer und Salz zu bestreuen.

04 Nimm das Fleisch anschließend aus der Pfanne und verteile dieses auf dem Pizzaboden.

05 Danach schneidest du noch die Paprika in dünne Streifen und legst diese mit dem Mais ebenfalls auf die Pizza. Bestreue das Ganze dann mit dem Cheddar-Käse und gib die Pizza 4 bis 6 Minuten lang in den Backofen.

Schmeckt gut dazu: gemischter Salat

Eigene Notizen:

Thunfisch-Mozzarella-Pizza

 Dauer
Kurz

 Schwierigkeit
Einfach

 Kosten
Gering

Zutaten für 1 Portion
- 1 runder Pizzateig (Kühlung)
- 1 Dose Thunfisch (in Saft)
- Eine halbe Zwiebel (rot)
- 3 Esslöffel Tomatensauce mit Kräutern (Dose)
- 80 g Mozzarella (gerieben)

Zubereitung

01 Schalte im Vorfeld den Backofen auf 180 Grad Celsius Ober-/Unterhitze an und lege auf ein Backblech ein Stück Backpapier.

02 Danach lege den küchenfertigen Pizzateig auf dieses und verteile die Tomatensauce auf dem Teig.

03 Jetzt nimm die Schale von der Zwiebel und zerschneide diese in dünne Scheiben. Den Thunfisch musst du lediglich abtropfen lassen.

04 Gib nun den Thunfisch auf die Tomatensauce, bestreue das Ganze mit dem Mozzarella und belege alles mit den Zwiebelscheiben.

05 Ungefähr 4 bis 6 Minuten muss die Pizza jetzt noch in den Ofen.

Schmeckt gut dazu: Salat nach Wahl

Eigene Notizen:

Napoletana Pizza

 Dauer
Kurz

 Schwierigkeit
Einfach

 Kosten
Gering

Zutaten für 1 Portion

- 1 runder Pizzateig (Kühlung)
- 80 g Büffelmozzarella
- 3 Esslöffel Tomatensauce mit Kräutern (Dose)
- Etwas Olivenöl

Zubereitung

01 Stelle zuerst den Backofen auf 180 Grad Celsius Ober-/Unterhitze ein. Dann lege ein Stück Backpapier auf ein Backblech und lege darauf den fertigen Pizzateig.

02 Nun teile den Büffelmozzarella in dünne Scheiben.

03 Jetzt verteilst du erst einmal die Tomatensauce auf der Pizza und legst anschließend die Mozzarellascheiben darauf. Gib über alles ein paar Tropfen Olivenöl.

04 Danach muss deine Pizza nur noch für 4 bis 6 Minuten in den Backofen.

Schmeckt gut dazu: Bauernsalat

Eigene Notizen:

Deftiger BBQ-Flammkuchen

 Dauer
Kurz

 Schwierigkeit
Einfach

 Kosten
Mittel

Zutaten für 1 Portion

- 1 Flammkuchenteig (Kühlung)
- 50 g Hackfleisch (gemischt)
- 30 g Crème fraîche
- 30 g Schmand
- 20 g Barbecue-Sauce
- 50 g Cheddar-Käse (gerieben)
- 3 Jalapeños
- 2 Esslöffel Sonnenblumenöl
- Pfeffer
- Salz

Zubereitung

01 Stelle vorab den Ofen auf Maximaltemperatur (Ober-/Unterhitze), damit dieser ausreichend Zeit hat, sich auf Temperatur zu bringen.

02 Danach lege Backpapier auf ein Backblech und platziere darauf den fertigen Flammkuchenteig.

03 Im Anschluss brätst du in dem Sonnenblumenöl das gemischte Hackfleisch an. Vergiss nicht, dieses mit Salz sowie Pfeffer zu würzen.

04 Sobald das Hackfleisch durchgebraten ist, rühre die Barbecue-Sauce hier hinein.

05 Nun verrühre die Crème fraîche mit dem Schmand und verfeinere auch diesen Mix mit Pfeffer und Salz.

06 Den Crème-fraîche-Schmand-Mix streichst du nun auf den Flammkuchenteig und gibst darauf dein Hackfleisch.

07 Verteile jetzt noch die Jalapeños darauf und bestreue alles mit dem Cheddar-Käse.

08 Schiebe deinen Flammkuchen für 3 bis 4 Minuten in den Ofen.

Schmeckt gut dazu: Salat nach Wahl

Eigene Notizen:

Flammkuchen mit Birne und Gorgonzola

 Dauer
Kurz

 Schwierigkeit
Einfach

 Kosten
Gering

Zutaten für 1 Portion

- 1 Flammkuchenteig (Kühlung)
- 50 g Gorgonzolakäse
- 30 g Crème fraîche
- 30 g Schmand
- Eine halbe Birne
- 50 g Feldsalat
- Pfeffer
- Salz

Zubereitung

01 Bevor es an die Zubereitung des Flammkuchens geht, stellst du den Ofen auf 250 Grad Celsius Ober-/Unterhitze.

02 Im Anschluss legst du noch ein Stück Backpapier auf ein Backblech und legst darauf den Flammkuchenteig.

03 Nun mischst du die Crème fraîche mit dem Schmand und setzt diesen Mix mit etwas Pfeffer und Salz geschmacklich in Szene. Den Mix streichst du auf deinen Flammkuchen.

04 Danach entfernst du die Schale von deiner halben Birne, schneidest das Kerngehäuse heraus und teilst die Frucht in dünne Scheiben.

05 Jetzt bröckelst du zuerst den Gorgonzolakäse auf den Flammkuchen und legst dann die Birnenscheiben darauf.

06 Das Ganze schiebst du dann 3 bis 4 Minuten lang in den Ofen.

07 Während der Flammkuchen gart, wäschst du den Feldsalat und verteilst diesen kurz vor dem Servieren auf deinem Gericht.

Schmeckt gut dazu: gemischter Salat

Eigene Notizen:

Burger & Tacos, besser als in der Lieblingsbude

Scharfe Huhn-Tacos Überbacken

 Dauer
Mittel

 Schwierigkeit
Einfach

 Kosten
Mittel

Zutaten für 4 Portionen

- 12 Taco-Shells
- 4 gebratene Hähnchenkeulen (vom Vortag)
- 1 Paprika (rot)
- 1 Avocado
- 1 Mini-Römersalat

- 100 g Cheddar-Käse (gerieben)
- 5 Esslöffel Limettensaft
- 2 Esslöffel Öl
- 2 Teelöffel Sambal Oelek

Zubereitung

01 Spüle die Paprika unter Wasser ab, entferne den Stiel und die Kerne und zerschneide die Schote in kleine Würfel. Den Mini-Römersalat teilst du nach dem Säubern in Streifen.

02 Jetzt schneidest du noch die Avocado in Hälften, löst den Stein aus dem Fruchtfleisch und nimmst das Fleisch aus der Schale. Dieses würfelst du ebenfalls und mischst es dann mit einem Esslöffel Limettensaft.

03 Danach löst du das Hähnchenfleisch vom Knochen und schneidest dieses klein.

04 Erhitze anschließend das Öl in einer Bratpfanne und röste hier das Fleisch kross an.

05 Dann rührst du den übrigen Limettensaft sowie das Sambal Oelek ins gebratene Hühnchen.

06 Lege die Taco-Shells nun mit der Öffnung nach oben in eine Auflaufform. Fülle zuerst den Salat und die Paprikawürfel in diese, gib darauf die Avocado und dann das Hühnchen. Streue über das Ganze den Cheddar-Käse.

07 Jetzt gib die gefüllten Tacos bei 200 Grad Celsius Ober-/Unterhitze für 5 bis 10 Minuten in den Ofen.

Schmeckt gut dazu: Salat nach Wahl

Eigene Notizen:

Chili-Tacos mit Würstchen

 Dauer
Kurz

 Schwierigkeit
Einfach

 Kosten
Gering

Zutaten für 6 Portionen

- 8 Tacos
- 400 g Bratwürstchen (Schwein)
- 75 g Gouda (gerieben)
- 150 g Crème fraîche

- 1 Dose Kidneybohnen (in Chilisauce)
- ¼ Eisbergsalat
- 2 Esslöffel Sonnenblumenöl

Zubereitung

01 Zerschneide erst die Bratwürstchen in Scheiben und brate diese in dem Sonnenblumenöl, in einem Topf oder einer Pfanne, an.

02 Gieße dann die Kidneybohnen samt Chilisauce zu den Wurstscheiben und lass das Ganze 5 Minuten köcheln.

03 Erwärme anschließend die Tacos nach Packungsanleitung und gib den Wurst-Kidneybohnen-Mix in die Tacos.

04 Wasche anschließend den Salat, schneide diesen in Streifen und gib erst den geriebenen Gouda und dann den Salat in die Tacos.

05 Verfeinere die Füllung mit je einem Klecks Crème fraîche.

Schmeckt gut dazu: Reis

Eigene Notizen:

Double Dutch Burger

 Dauer
Kurz

 Schwierigkeit
Einfach

 Kosten
Mittel

Zutaten für 4 Portionen

- 4 Hamburger-Brötchen
- 8 Beef Patties (TK)
- 20 Scheiben Gewürzgurke
- 1 Zwiebel
- 4 Romana-Salatblätter

- 8 Esslöffel Joppie-Sauce
- 4 Esslöffel Tomatenketchup
- 8 Scheiben Maasdamer
- 2 Esslöffel Olivenöl

Zubereitung

01 Die Romana-Salatblätter braust du kurz unter Wasser ab und zerschneidest dann die Zwiebel, schalenlos, in feine Würfel.

02 Nun stellst du den Ofen auf 100 Grad Celsius Ober-/Unterhitze und gibst einen Esslöffel Olivenöl in eine Pfanne.

03 Brate in dem Öl die Hälfte der Beef Patties 3 bis 4 Minuten an. Wende dann die Patties und lege auf jedes eine Scheibe Maasdamer. Nach 2 bis 3 Minuten nimmst du die Beef Patties aus der Pfanne und legst diese auf ein Küchenpapier.

04 Danach lege die fertig gebratenen Patties, zum Warmhalten, in den Ofen und wiederhole das Ganze mit den anderen vier Beef Patties.

05 Im Anschluss teilst du die Hamburger-Brötchen und legst diese, zum Erwärmen, ebenfalls in den Backofen. 6 bis 8 Minuten müssten ausreichen.

06 Streiche auf die unteren Brötchenhälften je einen Esslöffel Joppie-Sauce, lege das Salatblatt darauf und auf dieses einen Patty.

07 Gib darauf einen bis zwei Teelöffel Tomatenketchup und je fünf Gurkenscheiben sowie die Zwiebelwürfel.

08 Nun gib wieder einen Beef Patty auf das Ganze und verteile die übrigen Saucen darauf. Schließe den Burger mit der anderen Brötchenhälfte.

Schmeckt gut dazu: Pommes frites

Eigene Notizen:

Bonanza Burger

 Dauer
Kurz

 Schwierigkeit
Einfach

 Kosten
Mittel

Zutaten für 4 Portionen

- 4 Hamburger-Brötchen
- 4 Beef Patties (TK)
- 4 Esslöffel Whiskey-Barbecue-Sauce
- 8 Esslöffel Krautsalat
- 2 Tomaten
- 8 Scheiben Frühstücksspeck
- 4 Blätter Eisbergsalat
- 2 Esslöffel Olivenöl

Zubereitung

01 Wasche die vier Salatblätter und schneide die Tomaten in dünne Scheiben.

02 Heize dann den Backofen auf 100 Grad Celsius Ober-/Unterhitze vor.

03 Dann gib die Hälfte des Olivenöls in eine Pfanne und brate darin den Frühstücksspeck knusprig an. Diesen legst du anschließend auf einem Stück Backpapier in den Ofen.

04 Jetzt säubere die Pfanne, gib das übrige Olivenöl hinein und brate darin die Beef Patties von beiden Seiten an.

05 Während die Patties in der Pfanne brutzeln, teile die Brötchen und lege diese zum Speck in den Backofen.

06 Belege dann die unteren Brötchenhälften mit je einem Salatblatt, platziere nun die Patties darauf, gib darüber je zwei Esslöffel von der Whiskey-Barbecue-Sauce, lege darauf je zwei Scheiben Speck und dann die Tomatenscheiben.

07 Gib auf das Ganze dann den Krautsalat und schließe den Burger mit der oberen Brötchenhälfte.

Schmeckt gut dazu: Süßkartoffel-Pommes

Eigene Notizen:

Fischburger

 Dauer
Kurz

 Schwierigkeit
Einfach

 Kosten
Mittel

Zutaten für 4 Portionen

- 4 Hamburger-Brötchen
- 4 Fisch Patties
- 8 Blätter Romana-Salat
- 1 Zwiebel

- 50 g Salatgurke
- 6 Esslöffel Heringssalat (Kühlung)
- 4 Esslöffel Dänische Remoulade
- 2 Esslöffel Sonnenblumenöl

Zubereitung

01 Zuerst braust du die Salatblätter unter Wasser ab und schneidest die Salatgurke, nachdem du sie geschält hast, in dünne Scheiben.

02 Die Zwiebel hingegen teilst du, ohne Schale, in feine Würfel.

03 Im Anschluss stellst du erst einmal den Backofen auf 100 Grad Celsius Ober-/Unterhitze, damit dieser sich in der Zwischenzeit auf Temperatur bringen kann.

04 Dann teilst du die Hamburger-Brötchen und legst diese in den Ofen.

05 Während die Hamburger-Brötchen sich erwärmen, brätst du die Fisch Patties in einer Pfanne mit dem Sonnenblumenöl kross an.

06 Nimm diese anschließend aus der Pfanne, lege sie auf ein Stück Küchenpapier und lege diese mit in den Backofen.

07 Nun bestreichst du die untere Brötchenhälfte mit der Dänischen Remoulade, legst darauf ein Salatblatt und dann die Gurkenscheiben. Auf diese kommen dann die Fisch Patties, der Heringssalat sowie die Zwiebelwürfel.

08 Lege die obere Brötchenhälfte auf das Ganze und lass es dir schmecken.

Schmeckt gut dazu: Pommes frites

Eigene Notizen:

Wraps, Sandwiches und Brote

Spiegelei-Brot mit Tomate und Speck

 Dauer
Kurz

 Schwierigkeit
Einfach

 Kosten
Gering

Zutaten für 2 Portionen

- 2 Scheiben Bauernbrot
- 25 g Frühstücksspeck
- 8 Kirschtomaten
- 30 g Rucola
- 2 Eier
- 1 Esslöffel Zucker

- 1 Schalotte
- 3 Esslöffel Aceto Balsamico
- 2 Teelöffel Butter
- Pfeffer
- Salz

Zubereitung

01 Brause die Kirschtomaten unter Wasser ab und schneide fünf der Tomaten in Viertel. Die Schalotte würfelst du fein und den Frühstücksspeck zerschneidest du in einen Zentimeter breite Streifen.

02 Jetzt erhitzt du einen Teelöffel Butter in einer Pfanne und brätst darin die Schalottenwürfel an. Nach ungefähr 3 Minuten fügst du die Speckstreifen hinzu und röstest diese kurz mit.

03 Nun gibst du die geviertelten Tomaten, den Aceto Balsamico sowie den Zucker dazu und rührst alles einmal um.

04 Lass das Ganze bei schwacher Hitze 10 Minuten köcheln. Vergiss nicht, die Sauce mit Pfeffer zu verfeinern.

05 Während die Sauce vor sich hin köchelt, erhitzt du eine zweite Pfanne mit der übrigen Butter und schlägst hier die Eier hinein. Salze und pfeffere diese ein wenig und zaubere dir daraus leckere Spiegeleier.

06 Danach halbiere die restlichen Kirschtomaten und bestreiche deine Bauernbrote dann mit der Sauce.

07 Darauf gibst du dann den Rucola sowie die Tomatenhälften und legst auf jede Stulle ein Spiegelei.

Schmeckt gut dazu: Gurkensalat

Eigene Notizen:

Käse-Makkaroni-Stulle

Dauer
Kurz

Schwierigkeit
Einfach

Kosten
Gering

Zutaten für 2 Portionen

- 70 g Makkaroni
- 4 Scheiben Toastbrot
- 70 g Emmentaler (gerieben)
- 30 g Butter
- 4 Scheiben Cheddar-Käse
- 1 Esslöffel Weizenmehl
- Pfeffer
- Salz

Zubereitung

01 Koche zuerst die Makkaroni in ausreichend Salzwasser bissfest. Sobald diese fertig sind, gibst du die Nudeln zum Abtropfen in ein Sieb.

02 Dann bringst du die Butter in einem weiteren Kochtopf zum Schmelzen. Rühre das Weizenmehl hier hinein und rühre das Ganze kräftig um.

03 Anschließend mischst du hier die Makkaroni unter und rührst anschließend den Emmentaler hinein. Verfeinere die Käse-Makkaroni mit Pfeffer und Salz.

04 Nun legst du auf zwei der Toasts je eine Scheibe von dem Cheddar-Käse, verteilst darauf die Käse-Makkaroni und schließt das Ganze mit den übrigen Toastscheiben.

05 Heize den Kontaktgrill vor und röste hier deine Toaststullen 3 bis 4 Minuten lang.

Schmeckt gut dazu: eiskalte Cola

Eigene Notizen:

Puten-Frischkäse-Wraps

 Dauer
Kurz

 Schwierigkeit
Einfach

 Kosten
Gering

Zutaten für 5 Portionen

- 5 Tortilla-Wraps
- 1 Päckchen Frischkäse (India)
- 10 Scheiben Putenbrust (Aufschnitt)
- 200 g Remoulade (Glas)
- 1 Beutel Vier-Jahreszeiten-Salat
- Etwas Tomatenketchup
- Etwas Sambal Oelek

Zubereitung

01 Lege zuerst die Tortilla-Wraps aus und verteile darauf den India-Frischkäse. Achte darauf, dass du einen Rand von zwei Zentimetern frei lässt.

02 Jetzt verteilst du auf dem Frischkäse den Salat und gibst darauf etwas von der Remoulade.

03 Auf jeden Wrap legst du nun zwei Scheiben von der Putenbrust.

04 Verrühre in einer kleinen Schüssel jetzt noch etwas Tomatenketchup mit dem Sambal Oelek. Diesen Mix streichst du anschließend auf die Putenbrust und rollst die Tortillas stramm zusammen.

Schmeckt gut dazu: Süßkartoffel-Pommes

Eigene Notizen:

Käse-Lachs-Wraps mit Kochschinken

 Dauer
Kurz

 Schwierigkeit
Einfach

 Kosten
Gering

Zutaten für 6 Portionen
- 6 Tortilla-Wraps
- 3 Eier
- 6 Scheiben Gouda
- 400 g Frischkäse
- 6 Scheiben Kochschinken

- 1 Kopf Eisbergsalat
- 2 Esslöffel Remoulade
- 3 Esslöffel Milch
- 1 Päckchen Lachsaufschnitt (geräuchert)

Zubereitung

01 Bring einen kleinen Topf mit Wasser zum Kochen und koche darin die Eier hart.

02 Dann lege die Wraps nebeneinander aus und gib auf diese rund 200 g von dem Frischkäse.

03 Jetzt schrecke die Eier unter kaltem Wasser ab, pelle diese und schneide die hart gekochten Eier in feine Stückchen.

04 Die Eierstückchen mischst du nun mit der Remoulade, dem übrigen Frischkäse sowie der Milch.

05 Gib den Eier-Frischkäse-Mix ebenfalls auf die Wraps.

06 Nun putzt du noch den Salat und legst auf eine Hälfte der Wraps so viele Salatblätter, wie du magst.

07 Auf das Ganze legst du jetzt die Lachsscheiben sowie den Kochschinken und den Käse.

08 Zum Schluss rollst du die Wraps straff zusammen.

Schmeckt gut dazu: Karottensalat

Eigene Notizen:

Sandwich à la New York

 Dauer
Kurz

 Schwierigkeit
Einfach

 Kosten
Mittel

Zutaten für 4 Portionen

- 12 Scheiben Vollkorntoast
- 200 g Hähnchenbrustfilet
- 8 Scheiben Frühstücksspeck
- 1 Avocado
- Ein halber Kopf Eisbergsalat
- 4 Esslöffel Tomatenketchup

- 2 Esslöffel Mayonnaise
- Ein halber Teelöffel Chilipulver
- Ein Esslöffel Sonnenblumenöl
- Eine halbe Limette
- Pfeffer
- Salz

Zubereitung

01 Vorab stellst du erst einmal den Ofen auf 180 Grad Celsius Ober-/Unterhitze.

02 Dann bestreust du das Hähnchenbrustfilet mit etwas Pfeffer, Salz und Chilipulver und brätst dieses in dem Sonnenblumenöl scharf an. Danach legst du dieses für eine Viertelstunde in den Ofen.

03 Röste in der Zwischenzeit den Speck in einer fettfreien Pfanne knusprig und lege diesen anschließend auf Küchenpapier.

04 Nun halbierst du die Avocado, entfernst die Schale sowie den Kern und zerschneidest das Fruchtfleisch in dünne Scheiben.

05 Quetsche die halbe Limette aus und gib den Saft über die Avocadoscheiben. Streue darüber ein wenig Pfeffer sowie Salz.

06 Jetzt putze noch eben den Salat und stecke die Vollkorntoasts in den Toaster.

07 Schneide nun das Hähnchenbrustfilet in dünne Scheiben und lege diese auf vier der Toasts. Darauf verteilst du den Speck sowie den Tomatenketchup und deckst das Ganze mit vier Toasts zu.

08 Auf diese Toastscheiben streichst du die Mayonnaise und legst darauf die Avocadoscheiben sowie den Salat.

09 Lege nun die übrigen Toasts auf die Sandwiches und stecke das Ganze mit Zahnstochern fest.

Schmeckt gut dazu: Pommes frites

Eigene Notizen:

Grüner Salat
war gestern

Maultaschen-Salat

 Dauer
Kurz

 Schwierigkeit
Einfach

 Kosten
Mittel

Zutaten für 4 Portionen

- 1 Birne (groß)
- 1 Zwiebel (rot)
- 6 Maultaschen (Kühlung)
- 3 Salatherzen
- 100 g Walnüsse (gehackt)
- 100 g Schinkenspeck (gewürfelt)
- 1 Esslöffel Zitronensaft

- 8 Esslöffel Traubenkernöl
- 4 Esslöffel Essig
- 2 Teelöffel Honig (flüssig)
- Ein halber Teelöffel Senf (mittelscharf)
- Pfeffer
- Salz

Zubereitung

01 Gare zuallererst die Maultaschen, wie es auf der Packung beschrieben steht. Danach stellst du diese einfach zur Seite und lässt die Maultaschen im Sud etwas auskühlen.

02 Jetzt zerschneidest du die Salatherzen in Hälften, entfernst den Strunk und teilst die Salatblätter in Streifen. Von der Birne schneidest du erst die Schale ab, entfernst das Kerngehäuse und würfelst das Fruchtfleisch. Die Birnenwürfel beträufelst du mit dem Zitronensaft.

03 Im Anschluss löst du die Schale von der Zwiebel, schneidest diese in Hälften und zerteilst die Hälften in Scheiben.

04 Die Schinkenspeckwürfel röstest du in einer Pfanne ohne Fett knusprig an.

05 Für die Salatsauce mischst du das Traubenkernöl mit dem Essig, dem Honig sowie dem Senf und schmeckst das Dressing dann mit Pfeffer sowie Salz ab.

06 Anschließend gibst du die Birnenwürfel mit dem Schinkenspeck und den Salatstreifen in eine Schüssel und mischst das Ganze durch.

07 Gib dann noch die gehackten Walnüsse und die Zwiebelringe dazu und rühre alles erneut um.

08 Zum Schluss zerschneidest du die Maultaschen in Streifen, hebst diese ebenfalls unter den Salat und träufelst über das Ganze die Salatsauce.

Schmeckt gut dazu: Hähnchenbrust, gegrillt

Eigene Notizen:

Melonen-Feta-Salat

 Dauer
Kurz

 Schwierigkeit
Einfach

 Kosten
Mittel

Zutaten für 6 Portionen

- Eine halbe Wassermelone
- 200 g Fetakäse
- 1 Zwiebel (rot)
- 1 Bund Petersilie
- Ein halbes Bund Minze

- 1 Esslöffel Balsamico-Essig (weiß)
- 1 Esslöffel Olivenöl
- Pfeffer
- Salz

Zubereitung

01 Nimm das Fruchtfleisch aus der Schale der Wassermelone, entferne die Kerne und würfle dieses in zwei Zentimeter große Stücke. Dem Fetakäse kannst du dieselbe Form geben.

02 Dann teile die rote Zwiebel in feine Scheiben und zerhacke die Minze sowie die Petersilie.

03 Anschließend verrührst du das Olivenöl mit dem Balsamico-Essig und schmeckst den Mix mit Pfeffer und Salz ab.

04 Zum Schluss mischst du die Wassermelone mit der Zwiebel, dem Fetakäse und den Kräutern und beträufelst das Ganze mit dem Balsamico-Olivenöl-Mix.

05 Sobald dieser seine Temperatur erreicht hat, röstest du hier dein Sandwich goldbraun an.

Schmeckt gut dazu: Baguette

Eigene Notizen:

Kritharaki-Hack-Salat

 Dauer
Mittel

 Schwierigkeit
Einfach

 Kosten
Mittel

Zutaten für 6 Portionen

- 500 g Kritharaki (Reisnudeln)
- 500 g Hackfleisch (gemischt)
- 1 Paprika (rot)
- 1 Paprika (gelb)
- 1 Paprika (grün)
- 1 Zwiebel
- 3 Esslöffel Tomatenmark
- 3 Esslöffel Tomatenketchup
- 2 Esslöffel Oregano (getrocknet)
- 3 Beutel Salatkrönung (Fertigmischung nach Wahl)
- Etwas Olivenöl
- Pfeffer
- Salz

Zubereitung

01 Du schälst am besten erst einmal die Zwiebel und stückelst diese dann fein.

02 Danach gibst du etwas Olivenöl in eine Pfanne und brätst darin das gemischte Hackfleisch mit den Zwiebelstückchen an. Vergiss nicht, alles mit Pfeffer sowie Salz zu würzen.

03 Während das Hackfleisch vor sich hin brutzelt, bringst du einen Topf mit Salzwasser zum Kochen und garst darin die Kritharaki. Nach circa 15 Minuten müssten diese fertig sein, sodass du die Reisnudeln abgießen kannst.

04 Ist das Hack schön krümelig gegart, kannst du den Tomatenketchup sowie das Tomatenmark einrühren.

05 Anschließend wäschst du die Paprikaschoten, entstielst diese, nimmst die Kerne sowie die Innenwände heraus und schneidest das Gemüse in kleine Würfel.

06 Die Paprikawürfel mischst du mit unter das Hack und nimmst das Ganze dann vom Herd.

07 Nun musst du noch die Salatkrönung, nach Packungsanleitung, zubereiten.

08 Zu guter Letzt mischst du den Pfanneninhalt mit den Kritharaki, gibst dann die Salatkrönung über den Salat und rührst alles erneut gut durch.

Schmeckt gut dazu: geröstetes Brot

Eigene Notizen:

Griechischer Feta-Tomaten-Salat

 Dauer
Kurz

 Schwierigkeit
Einfach

 Kosten
Gering

Zutaten für 4 Portionen

- 500 g Tomaten
- 250 g Fetakäse
- 4 Frühlingszwiebeln
- 10 Oliven (schwarz)
- 3 Esslöffel Olivenöl
- 2 Esslöffel Essig

- 1 Esslöffel Zucker
- 2 Esslöffel Wasser
- 1 Teelöffel Senf (mittelscharf)
- Pfeffer
- Salz

Zubereitung

01 Wasche die Tomaten kurz unter kaltem Wasser ab, entferne den Stiel und schneide diese in kleine Würfel. Dem Fetakäse kannst du dieselbe Form geben.

02 Nun verrührst du das Olivenöl mit dem Essig, dem Senf, dem Zucker sowie etwas Pfeffer und Salz.

03 Danach säuberst du noch die Frühlingszwiebeln, schneidest diese in Ringe und mischst die Zwiebelringe mit den Tomaten, dem Fetakäse sowie den Oliven.

04 Gieße zuletzt dein Öl-Essig-Mix über den Salat, verrühre alles erneut ausgiebig und stelle den Feta-Tomaten-Salat für mindestens 2 Stunden in den Kühlschrank.

Schmeckt gut dazu: Gegrilltes aller Art

Eigene Notizen:

Kartoffelsalat mit Kernschinken und Kürbiskernen

 Dauer
Mittel

 Schwierigkeit
Einfach

 Kosten
Mittel

Zutaten für 1 Portion

- 240 g Kartoffeln (festkochend)
- 125 g Feldsalat
- 20 g geräucherter Kernschinken (hauchdünn geschnitten)
- 1 Zwiebel
- 10 g Kürbiskerne
- 1 Teelöffel Sonnenblumenöl
- 1 Teelöffel Balsamico-Essig
- Ein halber Teelöffel Gemüsebrühe (Instant)
- 3 Teelöffel Essig-Essenz
- Etwas Süßstoff (flüssig)
- Pfeffer
- Salz

Zubereitung

01 Zuerst solltest du die Kartoffeln mit der Schale in ausreichend Wasser gar kochen. Nach ungefähr 20 Minuten müssten diese so weit sein, dass du sie abgießen kannst.

02 In der Zwischenzeit röstest du schon einmal die Kürbiskerne in einer fettfreien Pfanne an, nimmst diese dann heraus und lässt die Kerne auskühlen.

03 Im Anschluss löst du die Schale von der Zwiebel, zerschneidest diese in Viertel und teilst sie in feine Streifen.

04 Sind die Kartoffeln fertig gegart, pellst du diese ab und schneidest die Erdäpfel anschließend in Scheiben.

05 Danach gibst du fünf Esslöffel Wasser mit der Essigessenz und der Zwiebel in einen Kochtopf. Lass das Ganze heiß werden, rühre die Gemüsebrühe hinein und

schmecke die Salatsauce mit flüssigem Süßstoff, Pfeffer sowie Salz ab. Zum Schluss rühre das Sonnenblumenöl unter.

06 Das Salatdressing gießt du jetzt über die Kartoffelscheiben, rührst alles vorsichtig um und lässt den Salat eine halbe Stunde durchziehen.

07 In dieser Zeit putzt du den Feldsalat und rupfst die Blätter etwas kleiner.

08 Zum Schluss schmeckst du den Kartoffelsalat noch einmal mit Pfeffer sowie Salz ab, mischst den Schinken, die Kürbiskerne und den Feldsalat unter die Kartoffeln und verfeinerst den Salat noch mit dem Balsamico-Essig.

Schmeckt gut dazu: gegrilltes Putenschnitzel

Eigene Notizen:

Mutprobe,
wie scharf b-isst du?

Süsskartoffel-Rindfleisch-Curry

 Dauer
Lang

 Schwierigkeit
Mittel

 Kosten
Mittel

Zutaten für 4 Portionen

- 800 g Rindfleisch (aus der Keule oder Schulter)
- 1 Stück Ingwer (4 cm lang)
- 400 g Dosentomaten (stückig)
- 400 g Süßkartoffeln
- 4 Zweige Koriandergrün
- 2 Esslöffel Limettensaft

- 2 Chilischoten (grün)
- 4 Esslöffel Öl
- 1 Esslöffel Currypulver (karibisch)
- 1 Teelöffel Pimentkörner
- Salz

Zubereitung

01 Schneide sowohl die Sehnen als auch größere Fettränder von dem Rindfleisch ab und würfle das Fleisch anschließend in zwei Zentimeter große Stücke.

02 Dann entferne die Stiele von den Chilischoten, entnehme die Kerne und schneide die Schoten in feine Ringe.

03 Auch den Ingwer gilt es, zu schälen, bevor du diesen fein zerhackst.

04 Nun gib das Öl in einen Topf, erhitze dieses und brate das Fleisch darin gut an. Vergiss nicht, das Ganze zu salzen.

05 Nimm die Rindfleischwürfel dann aus dem Topf und gib stattdessen den gehackten Ingwer, die Chilistücke, das Currypulver sowie die Pimentkörner in das Öl.

06 Nach ungefähr 5 Minuten gießt du den Limettensaft dazu und mischst die Dosentomaten unter. Das Fleisch gibst du jetzt auch wieder in den Topf.

07 Lege den Deckel nun auf den Kochtopf und lass das Ganze 75 Minuten köcheln.

08 Zwischenzeitlich nimmst du die Schale von den Süßkartoffeln und zerschneidest die Erdäpfel in einen Zentimeter große Würfel.

09 Diese gibst du dann nach den 75 Minuten mit ins Curry und lässt alles eine weitere Viertelstunde köcheln.

Schmeckt gut dazu: Fladenbrot

Eigene Notizen:

Scharfe Gemüse-Pasta

 Dauer
Kurz

 **Schwierigkeit**
Einfach

 Kosten
Gering

Zutaten für 4 Portionen

- 500 g Nudeln (nach Wahl)
- 200 g Crème fraîche
- 100 ml Gemüsebrühe
- 5 Paprika (bunt)
- 5 Möhren
- 3 Zwiebeln
- 2 Chilischoten (rot)
- Ein Bund Petersilie
- 1 Esslöffel Salz
- 1 Teelöffel Paprikapulver
- 2 Esslöffel Tomatenmark
- 4 Spritzer Sojasauce
- 4 Esslöffel Olivenöl
- Pfeffer
- Salz

Zubereitung

01 Gib ausreichend Wasser mit einem Teelöffel Salz in einen großen Topf. Bring dieses zum Kochen und gare darin die Nudeln zwischen 8 und 11 Minuten. Schütte diese anschließend in ein Küchensieb zum Abtropfen.

02 Nun die Paprikaschoten waschen, entkernen sowie entstielen und die Schoten in dünne Streifen zerschneiden. Die Zwiebel, schalenlos, ebenfalls in diese Form bringen.

03 Jetzt noch die Möhren von ihrer Schale befreien, längs teilen und diese auch streifig schneiden. Die Chilischoten hingegen nach dem Entkernen und Entstielen fein zerhacken. Gleiches mit der Petersilie in Angriff nehmen.

04 Im Anschluss das Olivenöl in einer Pfanne erhitzen und hier zuerst die Zwiebelstreifen anbraten.

Nach circa 3 Minuten die gehackten Chilischoten und die Möhrenstreifen zufügen und das Ganze weitere 5 Minuten rösten lassen.

05 Dann kannst du das Tomatenmark in den Gemüse-Mix rühren. Lass alles kurz anschwitzen und mische dann die Paprikastreifen unter. Schmecke den Pfanneninhalt mit Paprikapulver, Pfeffer sowie Salz ab.

06 Zum Schluss noch die Sojasauce, die Crème fraîche und die Gemüsebrühe einrühren und die gegarten Nudeln unterheben. Verfeinere das Gericht erneut mit den genannten Gewürzen.

Schmeckt gut dazu: geröstetes Brot

Eigene Notizen:

Pikante Hähnchen-Pfanne

 Dauer
Kurz

 Schwierigkeit
Einfach

 Kosten
Mittel

Zutaten für 4 Portionen

- 4 Hähnchenbrustfilets
- 20 g Koriandergrün
- 3 Knoblauchzehen
- 2 Chilischoten (rot)
- 2 Zwiebeln
- 2 Dosen Pizzatomaten
- 2 Avocados

- 1 Zitrone
- 2 Teelöffel Paprikapulver (geräuchert)
- 1 Teelöffel Oregano (getrocknet)
- 1 Teelöffel Kreuzkümmel (gemahlen)
- Eine Prise Zucker
- 2 Esslöffel Öl
- Salz

Zubereitung

01 Die Zwiebel zerschneidest du einmal in der Länge, löst die Schale und zerteilst die Zwiebel in feine Streifen. Dann zerhackst du noch die Knoblauchzehen und stückelst die Chilischoten. Letzteres gilt es, vorab zu entkernen.

02 Danach zerteilst du noch die Hähnchenbrustfilets in drei bis vier Stücke.

03 Nun lässt du das Öl in einer Pfanne heiß werden und dünstest hier die Zwiebelstreifen mit dem Kreuzkümmel an. Nach circa 3 Minuten fügst du die Knoblauchstückchen und die gehackten Chilischoten zu.

04 Bestreue die Hähnchenfiletstücke dann mit etwas Pfeffer und brate diese, beidseitig, in derselben Pfanne an. 2 Minuten, bei mittlerer Hitze, auf jeder Seite reichen aus.

05 Mische dann das Paprikapulver sowie den Oregano unter und rühre die Pizzatomaten hinein. Verfeinere das Ganze mit einer Prise Zucker und etwas Salz.

06 Koche jetzt alles einmal auf und lass das Gericht, bei mittlerer Hitze, zugedeckt weitere 20 Minuten köcheln.

07 In der Zwischenzeit reibst du von der Zitrone zwei Teelöffel Schale ab und presst die Frucht aus. Die Avocados teilst du in Hälften, entfernst den Kern und löffelst das Fruchtfleisch mit einem Löffel heraus. Zerschneide das Fruchtfleisch in Würfel und mische dieses mit der Zitronenschale sowie zwei Teelöffeln Zitronensaft.

08 Richte die pikante Hähnchenpfanne mit der Avocado-Salsa zusammen an.

Schmeckt gut dazu: Reis

Eigene Notizen:

Scharfe Paprika-Hack-Rollen

 Dauer
Kurz

 Schwierigkeit
Einfach

 Kosten
Mittel

Zutaten für 8 Portionen

- 500 g Rinderhack
- 200 g Naturjoghurt
- 1 Spitzpaprika (grün)
- 1 Chilischote (rot)
- Ein halbes Bund Petersilie
- 2 Knoblauchzehen

- 1 Esslöffel Paprikapulver (edelsüß)
- Ein halber Teelöffel Paprikapulver (rosenscharf)
- 2 Esslöffel Rapsöl
- Pfeffer
- Salz

Zubereitung

01 Zuerst zerhackst du die Petersilie in feine Stückchen und rührst diese in den Naturjoghurt. Setze das Ganze mit Pfeffer sowie Salz geschmacklich in Szene und stelle den Dip erst einmal in den Kühlschrank.

02 Anschließend entstielst und entkernst du die Spitzpaprika und würfelst diese klein.

03 Dann entfernst du die Schalen von den Knoblauchzehen und quetschst diese durch eine Knoblauchpresse. Mische den Knoblauch unter die Paprikawürfel.

04 Jetzt musst du noch die Chilischote längs halbieren, die Kerne herauskratzen und die Schote ebenfalls fein stückeln.

05 Die Chilistückchen gibst du mit den beiden Paprikapulversorten zum Rinderhack. Auch die Paprikawürfel mit dem Knoblauch gibst du dazu. Verknete das Ganze ausgiebig. Vergiss nicht, alles mit einer ausgiebigen Portion Pfeffer und Salz zu versehen.

06 Danach formst du aus der Hackmasse eine lange Rolle und zerteilst diese in acht 10 Zentimeter lange und zwei bis drei Zentimeter dicke Stücke.

07 Diese brätst du jetzt in einer Pfanne mit etwas Olivenöl durch und servierst sie mit dem Dip.

Schmeckt gut dazu: Tomatensalat

Eigene Notizen:

Paprika-Chili-Suppe

 Dauer
Kurz

 Schwierigkeit
Einfach

 Kosten
Gering

Zutaten für 4 Portionen

- 200 g Tomatenpaprika
- 320 ml Dosentomaten (passiert)
- 1 Chilischote (scharf)
- 500 ml Gemüsebrühe
- 3 Knoblauchzehen
- 20 Blätter Basilikum
- Eine Prise Pfeffer
- Eine Prise Salz

Zubereitung

01 Brause die Tomatenpaprika unter Wasser ab, entferne den Kernstamm und zerteile das Gemüse in kleine Würfel.

02 Dann nimm die Knoblauchzehen sowie die Zwiebel aus der Schale, drücke die Zehen durch eine Knoblauchpresse und zerschneide die Zwiebel in dünne Ringe. Die Chilischote, ohne Kerne, kannst du fein zerhacken.

03 Nun gibst du das gesamte klein geschnittene Gemüse mit den passierten Dosentomaten sowie der Gemüsebrühe in einen Kochtopf und lässt das Ganze einmal aufkochen. Danach wählst du die mittlere Stufe am Herd und lässt alles eine weitere Viertelstunde köcheln, bis die Tomatenpaprika weich sind.

04 In der Zwischenzeit hackst du zwei Drittel der Basilikumblätter klein.

05 Sobald die Tomatenpaprika weich sind, nimmst du die Suppe vom Herd, pürierst diese, schmeckst sie mit Pfeffer sowie Salz ab und mischst die zerhackten Basilikumblätter unter.

06 Die übrigen Basilikumblätter nutzt du, um die Suppe zu garnieren.

Schmeckt gut dazu: Baguette

Eigene Notizen:

Spieße,
alles außer spießig

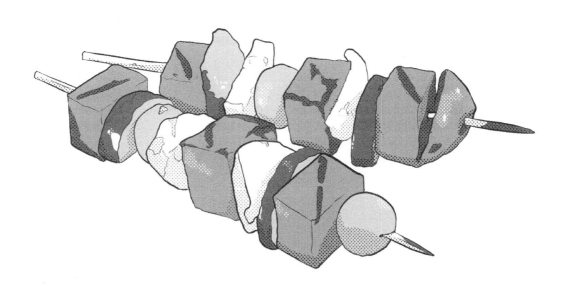

Spanische Kartoffel-Spieße

 Dauer
Kurz

 Schwierigkeit
Einfach

 Kosten
Gering

Zutaten für 4 Portionen

- 20 kleine Kartoffeln (festkochend)
- 1 Chorizo
- 2 Knoblauchzehen
- 4 Esslöffel Olivenöl

- Meersalz
- 4 Holzspieße

Zubereitung

01 Zuerst kochst du die kleinen Kartoffeln samt Schale in ausreichend Salzwasser gar. Länger als 10 bis 15 Minuten wird dies wahrscheinlich nicht dauern.

02 Danach gießt du die Kartoffeln ab und zerschneidest diese in Hälften.

03 Jetzt wäschst du kurz die Chorizo ab und teilst diese in zehn Scheiben mit je einer Dicke von circa fünf Millimetern. Die Scheiben halbierst du dann noch einmal.

04 Im Anschluss löst du die Schalen von den Knoblauchzehen und zerhackst die Zehen ganz fein. Die Knoblauchstückchen mischst du dann mit dem Olivenöl.

05 Streiche die Olivenöl-Knoblauch-Marinade auf die Schnittstellen der Kartoffeln.

06 Zwischen zwei Kartoffelhälften legst du dann eine halbe Chorizoscheibe und steckst jeweils fünf von diesen auf einen Holzspieß.

07 Pinsel die Spieße dann mit ein wenig Olivenöl ein und lege diese auf den vorgeheizten Kontaktgrill. Fertig sind die Spieße, wenn die Kartoffeln goldbraun angeröstet sind.

Schmeckt gut dazu: gegrillte Hähnchenbrust

Eigene Notizen:

Türkische Köfte-Spieße mit Dip

 Dauer
Kurz

 Schwierigkeit
Mittel

 Kosten
Mittel

Zutaten für 8 Portionen

- 500 g Rinderhack
- 1 Zwiebel
- 1,5 Knoblauchzehe
- Ein halbes Bund Petersilie
- 1 Teelöffel Paprikapulver
- Ein halber Teelöffel Kreuzkümmel

- 100 g Naturjoghurt
- 1 Esslöffel Zitronensaft
- 1 Zweig Minze
- Pfeffer
- Salz
- 8 Holzspieße

Zubereitung

01 Zuerst nimmst du eine halbe Knoblauchzehe aus der Schale, quetschst diese durch eine Knoblauchpresse und mischst dies mit dem Naturjoghurt.

02 Nimm dann die Minz-Blätter von dem Zweig, zerhacke diese fein und mische diese ebenfalls in den Joghurt.

03 Nun rührst du noch den Zitronensaft hinein und schmeckst den Dip mit Pfeffer sowie Salz ab. Stelle den fertigen Dip erst einmal in den Kühlschrank.

04 Dann zerschneidest du die übrige Knoblauchzehe sowie die Zwiebel in feine Stückchen und zerhackst die Petersilie.

05 Die Zwiebel- sowie die Knoblauchstückchen und die Petersilie verknetest du anschließend mit dem Rinderhack und würzt das Hack mit Pfeffer und Salz.

06 Danach teilst du das Hack in acht gleich große Portionen und drückst die Masse als längliche Fleischrollen um die Holzspieße.

07 Grille die Köfte-Spieße auf dem vorgeheizten Kontaktgrill circa 5 bis 8 Minuten lang und serviere diese mit dem Dip.

Schmeckt gut dazu: Fladenbrot

Eigene Notizen:

Hähnchen-Gemüse-Spieße

 Dauer
Mittel

 Schwierigkeit
Einfach

 Kosten
Mittel

Zutaten für 2 Portionen
- 300 g Hähnchenbrustfilet
- 1 Zwiebel
- 1 Paprika (grün)
- 1 Paprika (rot)
- Eine Knoblauchzehe
- Etwas Olivenöl
- Etwas Zitronensaft

- Etwas Chilipulver (gemahlen)
- Etwas Paprikapulver (edelsüß)
- Etwas Oregano (getrocknet)
- 8 Holzspieße
- Pfeffer
- Salz

Zubereitung

01 Schneide das Hähnchenbrustfilet zuerst in zwei Zentimeter große Würfel.

02 Diese verfeinerst du dann mit etwas Chilipulver, Paprikapulver, Pfeffer, Oregano sowie Salz.

03 Beträufle die Hähnchenwürfel dann noch mit ein wenig Olivenöl und Zitronensaft und presse die Knoblauchzehe zu dem Ganzen. Jetzt rührst du alles noch einmal ordentlich um und stellst das marinierte Fleisch für 1 Stunde in den Kühlschrank.

04 In der Zwischenzeit zerschneidest du die Paprikaschoten ebenfalls in zwei Zentimeter große Würfel. Gleiches machst du mit der Zwiebel.

05 Nachdem das Fleisch gut durchgezogen ist, steckst du dann das Gemüse und das Fleisch im Wechsel auf die Holzspieße.

06 Zum Schluss brätst du diese in einer Pfanne mit Öl goldbraun durch.

Schmeckt gut dazu: Salat nach Wahl

Eigene Notizen:

Zitronen-Garnelen-Spieße

 Dauer
Kurz

 Schwierigkeit
Einfach

 Kosten
Mittel

Zutaten für 4 Portionen
- 16 Garnelen (küchenfertig)
- 100 ml Olivenöl
- 2 Knoblauchzehen
- 1 Zitrone

Zubereitung

01 Die Garnelen kurz unter Wasser abbrausen.

02 Während diese trocknen, kannst du schon einmal die Knoblauchzehen abschälen und diese fein zerhacken.

03 Danach presst du die Zitrone aus und mischst den Zitronensaft mit dem zerhackten Knoblauch und dem Olivenöl.

04 Lege die Garnelen anschließend in der Marinade ein und stelle das Ganze für eine halbe Stunde in die Kühlung.

05 Im Anschluss steckst du die marinierten Garnelen auf die Holzspieße und brätst diese in einer Pfanne mit ein wenig Olivenöl goldbraun an.

Schmeckt gut dazu: Salat nach Wahl

Eigene Notizen:

Kalte Platte, Antikochi

Käse-Fleisch-Platte

 Dauer
Kurz

 Schwierigkeit
Einfach

 Kosten
Mittel

Zutaten für 6 Portionen

- 400 g Käse (verschiedene Sorten nach Wahl)
- 500 g Wurst- und Fleischsorten (nach Wahl)
- 1 Salatgurke
- 3 Eier
- 5 Gewürzgurken
- 1 Päckchen Mozzarella
- 3 Tomaten
- Ein Bund Radieschen
- 1 Päckchen Weintrauben

Zubereitung

01 Rolle die Wurst- sowie die Fleischsorten auf oder falte diese zusammen.

02 Dann koche die Eier in ausreichend Wasser hart. Schrecke diese anschließend unter kaltem Wasser ab, entferne dann die Schale und schneide die Eier in Scheiben.

03 Anschließend zerschneidest du die Käsesorten entweder in Scheiben oder Stücke und legst diese zwischen die Wurst und das Fleisch auf eine Platte.

04 Lege die Eierscheiben auf die Wurstrollen.

05 Nun zerteilst du noch den Mozzarella sowie die Tomaten in Scheiben und richtest diese im Wechsel auf der Platte an.

06 Danach entfernst du die Schale von der Salatgurke, schneidest diese in kurze Stifte und verteilst diese ansprechend zwischen den anderen Zutaten.

07 Gleiches machst du mit den Gewürzgurken und den Radieschen. Letzteres gilt es, zuvor gut abzuwaschen.

08 Zum Schluss legst du noch die gesäuberten Weintrauben dazu und schon ist deine kalte Platte fertig.

Schmeckt gut dazu: Brot oder Baguette

Eigene Notizen:

Radieschen gefüllt mit Frischkäse

 Dauer
Kurz

 Schwierigkeit
Einfach

 Kosten
Gering

Zutaten für 2 Portionen

- Ein Bund Radieschen
- 200 g Frischkäse
- 125 ml Sauerrahm
- Ein Bund Schnittlauch

- Pfeffer
- Salz

Zubereitung

01 Wasche die Radieschen ab und entferne das Grün. Lass vom Letzteren ungefähr einen Zentimeter übrig.

02 Dann schneidest du das obere Drittel der Radieschen samt dem Grün horizontal, als Deckel, ab.

03 Unter Umständen musst du jetzt noch den unteren Teil der Radieschen ein wenig abflachen, damit das Gemüse stehen bleibt.

04 Nun zerschneidest du noch das Bund Schnittlauch in dünne Röllchen und verrührst den Sauerrahm mit dem Frischkäse.

05 Mische die Schnittlauchröllchen gleich mit in den Sauerrahm-Frischkäse-Mix und verfeinere das Ganze mit ein wenig Pfeffer und Salz.

06 Zum Schluss gibst du einen bis zwei Teelöffel von der Creme auf je eine Unterseite der Radieschen und legst anschließend wieder den Deckel auf das Gemüse.

Schmeckt gut dazu: Brot

Eigene Notizen:

Lachs-Gurken-Happen

 Dauer
Kurz

 Schwierigkeit
Einfach

 Kosten
Mittel

Zutaten für 8 Portionen

- 1 Salatgurke
- 200 g Räucherlachs
- 200 g Doppelrahmfrischkäse
- 1 Esslöffel Salatmayonnaise
- 1 Esslöffel Quark
- 1 Esslöffel Petersilie (frisch gehackt)

- 1 Esslöffel Schnittlauchröllchen (frisch geschnitten)
- 2 Teelöffel Zitronensaft
- 1 Zweig Zitronenthymian
- Pfeffer
- Salz

Zubereitung

01 Zerschneide den Räucherlachs zunächst in kleine Würfelchen und rühre den Doppelrahmfrischkäse einmal ordentlich durch.

02 Dann mische den Quark mit der Salatmayonnaise, den Schnittlauchröllchen, der Petersilie, dem Zitronensaft sowie dem Zitronenthymian und rühre das Ganze in den Doppelrahmfrischkäse.

03 Danach würzt du alles mit ein wenig Pfeffer und Salz und rührst alles erneut mit einem Handmixer cremig.

04 Nun braust du noch die Salatgurke unter Wasser ab, zerschneidest diese in dicke Scheiben und gibst auf jede Gurkenscheibe einen Teelöffel von der Frischkäse-Creme.

Schmeckt gut dazu: Baguette

Eigene Notizen:

Avocados gefüllt

 Dauer
Kurz

 Schwierigkeit
Einfach

 Kosten
Mittel

Zutaten für 4 Portionen

- 4 Avocados
- 1 Dose Thunfisch (in Saft)
- 4 Tomaten
- 1 Zwiebel
- 1 Ei

- 1 Esslöffel Petersilie (frisch gehackt)
- 1 Teelöffel Zitronensaft
- 1 Teelöffel Olivenöl
- Pfeffer
- Salz

Zubereitung

01 Zunächst musst du die Avocados in Hälften teilen, den Kern herausnehmen und dann das Fruchtfleisch aus der Schale löffeln. Letzteres gibst du dann in eine Schüssel und pürierst alles fein.

02 Dann mischst du den Zitronensaft unter das Avocado-Püree.

03 Im Anschluss kochst du erst einmal das Ei hart. Schrecke dieses dann unter kaltem Wasser ab, nimm die Schale vom Ei und würfle dieses fein.

04 Danach zerschneidest du die Tomaten ebenfalls in kleine Würfel und lässt den Thunfisch abtropfen.

05 Hacke jetzt noch die Zwiebel, ohne Schale, klein und mische anschließend den Thunfisch, die Tomaten- sowie Ei-Würfel, die Petersilie und die Zwiebelstückchen unter das Avocado-Püree.

06 Schmecke die Creme nun mit Pfeffer und Salz ab und rühre noch das Olivenöl unter.

07 Zu guter Letzt füllst du die Creme wieder in die Avocado-Schalen und servierst das Ganze.

Schmeckt gut dazu: Baguette, geröstet

Eigene Notizen:

Für die Sportlichen

Beeren-Fitness-Omelett

 Dauer
Kurz

 Schwierigkeit
Einfach

 Kosten
Gering

Zutaten für 1 Portion

- 300 g Eiweiß
- 100 g Heidelbeeren
- 100 g Himbeeren
- 50 g Erdbeeren
- 50 g Brombeeren
- 2 bis 5 ml Süßstoff (flüssig)
- Etwas Zimt

Zubereitung

01 Wasche sämtliche Beeren unter kaltem Wasser und entferne das Grün.

02 Dann gib das Eiweiß in eine Schüssel und füge alle Beeren, abgesehen von den Heidelbeeren, dazu. Mixe das Ganze ausgiebig durch, bis eine dickflüssige Masse entsteht.

03 Erhitze anschließend eine beschichtete Bratpfanne und schütte hier den Beeren-Eiweiß-Mix hinein.

04 Röste beide Seiten knusprig an und verfeinere das Omelett mit Süßstoff und Zimt.

05 Gib das Omelett dann auf einen Teller und lege die Heidelbeeren darauf.

Schmeckt gut dazu: Eiweiß-Shake

Eigene Notizen:

Hähnchen-Gemüse-Reis

 Dauer
Mittel

 Schwierigkeit
Einfach

 Kosten
Mittel

Zutaten für 4 Portionen

- 500 g Hähnchenbrustfilet
- 100 g Erbsen (TK)
- 200 g Reis
- 250 ml Wasser
- 3 Stangen Staudensellerie
- 1 Paprika (rot)
- 1 Zwiebel

- 1 Karotte
- 2 Esslöffel Olivenöl
- Ein halber Teelöffel Rosmarin (getrocknet)
- Ein halber Teelöffel Thymian (getrocknet)
- Etwas Paprikapulver (edelsüß)
- Pfeffer
- Salz

Zubereitung

01 Brause das Fleisch kurz unter Wasser ab, trockne es und zerschneide es in kleine Würfel.

02 Anschließend streust du darüber etwas Pfeffer, Paprikapulver sowie Salz und heizt dann den Backofen auf 180 Grad Celsius Ober-/Unterhitze vor.

03 Nimm jetzt die Schale von der Zwiebel und zerhacke diese in feine Stücke. Die Karotte schälst du erst und zerteilst diese dann in Würfel. Gleiches machst du mit dem Staudensellerie.

04 Nun gib das Olivenöl in eine Pfanne, lass es heiß werden und gib die Zwiebelstückchen hinein. Nach circa 5 Minuten kannst du die Hähnchenwürfel zufügen. Diese müssen circa eine halbe Stunde in dem Olivenöl garen.

05 Sobald das Fleisch gar ist, nimmst du es aus der Pfanne und stellst dieses erst einmal beiseite. Stattdessen gießt du das Wasser in die Bratpfanne und gibst den Thymian sowie den Rosmarin dazu. Mische jetzt noch die Erbsen, das klein geschnittene Gemüse sowie den Reis hinein und stelle die Pfanne für eine halbe Stunde in den Backofen.

06 Nach 20 Minuten füge das Fleisch wieder dazu.

Schmeckt gut dazu: Bananenscheiben

Eigene Notizen:

Chili-Vollkornnudeln mit Kochschinken

 Dauer
Kurz

 Schwierigkeit
Einfach

 Kosten
Gering

Zutaten für 1 Portion

- 200 g Vollkornnudeln (nach Wahl)
- 1 Chilischote (rot)
- 5 Scheiben Kochschinken
- 1 Zwiebel
- Etwas Basilikum (getrocknet)
- 2 Esslöffel Leinöl
- Pfeffer
- Salz

Zubereitung

01 Zunächst bringst du ausreichend Salzwasser in einem Topf zum Kochen und garst darin die Vollkornnudeln bissfest.

02 Während die Pasta vor sich hin gart, zerhackst du die Chilischote sowie die Zwiebel, ohne Schale, in feine Stückchen. Den Kochschinken würfelst du.

03 Kurz bevor die Nudeln dann abgegossen werden können, lässt du das Leinöl in einer Pfanne heiß werden und brätst hier die Zwiebel- und die Chilistückchen an. Nach 2 Minuten mischst du den Kochschinken unter.

04 Gieße nun 50 ml Wasser dazu und gieße die Nudeln ab. Diese gibst du dann gleich mit in die Pfanne.

05 Zum Schluss schmeckst du alles mit Pfeffer sowie Salz ab.

Schmeckt gut dazu: Salat nach Wahl

Eigene Notizen:

Gefüllte Zucchini mit Hack

 Dauer
kurz

 Schwierigkeit
Einfach

 Kosten
Gering

Zutaten für 4 Portionen

- 500 g Rinderhack
- 200 g Emmentaler (gerieben)
- 1 Dose Tomaten (geschält)
- 2 Zucchini (groß)
- 3 Knoblauchzehen

- 2 Zwiebeln
- 2 Esslöffel Olivenöl
- Pfeffer
- Salz

Zubereitung

01 Löse die Schalen von den Knoblauchzehen und von den Zwiebeln und zerhacke beides fein.

02 Danach gießt du das Olivenöl in eine Bratpfanne, erhitzt dieses und brätst hier zuerst die Knoblauch- sowie die Zwiebelstückchen an. Nach 5 Minuten fügst du das Rinderhack zu und röstest dieses krümelig an. Verfeinere alles mit Pfeffer sowie Salz.

03 Mische dann die Dosentomaten unter und lass alles so lange weiterköcheln, bis der Tomatensaft eingedickt ist.

04 In der Zwischenzeit zerteilst du die Zucchini längs, höhlst diese ein wenig aus und stellst den Backofen auf 200 Grad Celsius.

05 Jetzt gibst du die Hack-Tomaten-Masse in die Zucchinihälften und legst diese für 20 Minuten in den Backofen.

06 Danach verteilst du den Käse auf den gefüllten Zucchini und schiebst diese weitere 10 Minuten in den Ofen.

Schmeckt gut dazu: Reis

Eigene Notizen:

Putenbrust mit Lollo Rosso

 Dauer
Kurz

 Schwierigkeit
Einfach

 Kosten
Mittel

Zutaten für 2 Portionen

- 250 g Putenbrustfilet (mager)
- 150 g Naturjoghurt (fettreduziert)
- 1 Zucchini
- 6 Kirschtomaten
- 1 Zwiebel (rot)

- 1 Kopf Lollo Rosso Salat
- 1 Knoblauchzehe
- 1 Teelöffel Senf (mild)
- 1 Teelöffel Olivenöl
- Pfeffer
- Salz

Zubereitung

01 Nimm zuerst die Schale von der roten Zwiebel und zerschneide diese in dünne Ringe.

02 Danach verrührst du den milden Senf mit dem Olivenöl sowie dem Naturjoghurt, mischst die Zwiebelringe unter und verfeinerst das Ganze mit Pfeffer und Salz.

03 Im Anschluss löst du die Knoblauchzehe aus der Schale und zerquetschst diese in einer Knoblauchpresse. Mische den Knoblauch ebenfalls in das Dressing.

04 Nun braust du das Putenbrustfilet unter Wasser ab, trocknest dieses, bepinselst es mit ein wenig Olivenöl und streust Salz sowie Pfeffer darauf.

05 Brate das Fleisch jetzt in einer beschichteten Pfanne, ungefähr 6 Minuten, von beiden Seiten an.

06 Während das Fleisch gart, putze den Salat und stückele diesen ein wenig. Die Kirschtomaten kannst du halbieren.

07 Die Zucchini gilt es hingegen, nach dem Waschen, grob zu raspeln.

08 Zu guter Letzt mischst du den Salat mit den Tomaten und den Zucchiniraspeln und verteilst das Ganze auf zwei Tellern. Gib das Dressing über den Salat und lege dann das Putenbrustfilet obenauf.

Schmeckt gut dazu: Reis

Eigene Notizen:

Hilfe, warum ist meine Hose geschrumpft?

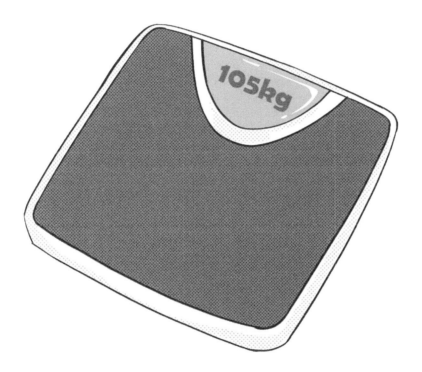

French-Käse-Rollen

 Dauer
Kurz

 Schwierigkeit
Einfach

 Kosten
Gering

Zutaten für 4 Portionen
- 4 Scheiben Sandwichtoast
- 4 Scheiben Cheddar-Käse
- Etwas Butter

Zubereitung

01 Schneide zunächst die Kruste von den Sandwichtoastscheiben und rolle die Brotscheiben anschließend mit einem Nudelholz schön platt aus.

02 Lege dann auf eine jede Toastscheibe eine Scheibe Cheddar-Käse und rolle das Ganze vorsichtig zusammen.

03 Dann gib etwas Butter in eine Pfanne und brate die Toastrollen hier goldbraun an.

Schmeckt gut dazu: gegrillte Hähnchenbrust

Eigene Notizen:

Käse-Kartoffel-Waffeln mit Gemüse

 Dauer
Kurz

 Schwierigkeit
Einfach

 Kosten
Gering

Zutaten für 4 Portionen
- 240 g Kartoffeln
- 60 ml Vollmilch
- 55 g Mandeln (gemahlen)
- 50 g Paprika (rot)
- 50 g Gouda (gerieben)
- 2 Eier
- 3 Tomaten (getrocknet)
- 2 Blätter Basilikum
- 2 Esslöffel Butter (weich)
- Pfeffer
- Salz

Zubereitung

01 Bevor es an die Zubereitung des Waffelteiges geht, gilt es erst einmal, die Kartoffeln zu schälen und diese in ausreichend Salzwasser zu garen.

02 In der Zwischenzeit würfelst du die Paprika in kleine Stücke, zerhackst die getrockneten Tomaten und machst das Gleiche mit den Basilikumblättern.

03 Dann gießt du die Kartoffeln ab und zerstampfst diese ordentlich.

04 Danach gibst du sämtliche Zutaten zum Kartoffelstampf und verrührst das Ganze mit einem Holzlöffel zu einem glatten Waffelteig.

05 Jetzt nimmst du das Waffeleisen in Betrieb, heizt dieses auf Maximaltemperatur vor und backst aus dem Teig knusprige Käse-Kartoffel-Waffeln.

Schmeckt gut dazu: gemischter Salat

Eigene Notizen:

Tagliatelle À La Carbonara

 Dauer
Kurz

 Schwierigkeit
Einfach

 Kosten
Gering

Zutaten für 2 Portionen

- 400 g Tagliatelle (Kühlregal)
- 2 Eier
- 60 g Speck (Scheiben)
- 50 g Parmesankäse (gerieben)

- Pfeffer
- Salz

Zubereitung

01 Koche zuerst die Tagliatelle, wie in der Packungsanleitung beschrieben, in genügend Salzwasser gar.

02 Während die Nudeln kochen, kannst du schon einmal die Speckscheiben in kleine Stücke zerteilen und diese in einer Pfanne, ohne Fett, kross anrösten.

03 Dann gibst du die Hälfte des geriebenen Parmesankäses in eine Schüssel, schlägst hier die Eier hinein und mischst das Ganze ordentlich durch.

04 Gieße jetzt die Tagliatelle ab und gib diese mit dem Eier-Parmesan-Mix zum Speck in die Pfanne. Rühre alles so lange in der heißen Pfanne durch, bis die Eier gestockt sind.

05 Nun setzt du alles noch ein wenig mit Pfeffer und Salz geschmacklich in Szene, verteilst das Gericht auf Tellern und bestreust die Nudeln mit dem übrigen Parmesankäse.

Schmeckt gut dazu: Salat nach Wahl

Eigene Notizen:

Chicken Nuggets Selbst Gemacht

 Dauer
Kurz

 Schwierigkeit
Einfach

 Kosten
Mittel

Zutaten für 4 Portionen

- 500 g Hähnchenbrustfilet
- 40 g Weizenmehl
- 80 g Paniermehl
- 2 Eier
- Ein halber Teelöffel Paprikapulver (edelsüß)

- Ein halber Teelöffel Knoblauchpulver
- 1 Teelöffel Sonnenblumenöl
- Frittieröl
- Pfeffer
- Salz

Zubereitung

01 Wasche das Fleisch kurz unter kaltem Wasser ab, trockne es und zerschneide die Filets in Stücke.

02 Dann schlägst du die Eier in eine Schüssel, gibst den Pfeffer sowie das Salz dazu und verrührst das Ganze.

03 Schütte danach das Weizenmehl auf einen Suppenteller und mische dieses mit dem Knoblauch- und dem Paprikapulver.

04 Das Paniermehl gibst du auf einen weiteren tiefen Teller.

05 Anschließend wendest du die Hähnchenstücke erst in dem Mehl-Mix, dann in der Eiermischung und zum Schluss in dem Paniermehl.

06 Zu guter Letzt heizt du deine Fritteuse auf 200 Grad Celsius vor und frittierst darin deine selbst gemachten Nuggets für etwa 10 bis 12 Minuten.

Schmeckt gut dazu: Bananenscheiben

Eigene Notizen:

Käse-Hähnchen mit Sahne-Sauce

 Dauer
Kurz

 **Schwierigkeit**
Einfach

 Kosten
Mittel

Zutaten für 2 Portionen

- 2 Hühnerbrustfilets
- 100 g Sahne
- 125 g Kirschtomaten
- 50 g Schmelzkäse (Sahne)
- 65 g Mozzarella

- 3 Blätter Basilikum
- 1 Esslöffel Kräuterbutter
- 1 Esslöffel Sonnenblumenöl
- Pfeffer
- Salz

Zubereitung

01 Spüle zunächst die Hähnchenbrustfilets unter Wasser ab, trockne diese und bestreue das Fleisch von allen Seiten mit Pfeffer und Salz.

02 Nun gibst du das Öl in eine Bratpfanne und röstest das Fleisch 5 Minuten von jeder Seite an.

03 Wasche anschließend die Kirschtomaten ab und teile diese in Hälften. Die Basilikumblätter hackst du kurz klein. Heize den Ofen auf 200 Grad Celsius Ober-/Unterhitze vor.

04 Jetzt gießt du die Sahne in eine weitere Pfanne und bringst diese zum Kochen. Rühre den Schmelzkäse hier hinein, gib das Basilikum dazu und würze alles mit Pfeffer und Salz.

05 Danach gibst du die Hähnchenbrustfilets in eine Auflaufform, verteilst darüber die halbierten Kirschtomaten und gießt über das Ganze die Sahne-Sauce.

06 Zerteile den Mozzarella nun in Scheiben und lege diese obenauf. Zum Schluss legst du die Kräuterbutter auf den Käse. Schiebe die Form für eine halbe Stunde in den Ofen.

Schmeckt gut dazu: Kroketten

Eigene Notizen:

Heute mal ohne Fleisch

Tomaten-Nudeln mit Oliven und Kapern

 Dauer
Kurz

 Schwierigkeit
Einfach

 Kosten
Gering

Zutaten für 2 Portionen

- 200 g Nudeln (nach Wahl)
- 400 g Tomaten
- 60 g Oliven (schwarz)
- 2 Knoblauchzehen
- 2 Zweige Basilikum
- 2 Zweige Petersilie

- 1 Chilischote (rot)
- 2 Teelöffel Kapern
- 1 Esslöffel Sonnenblumenöl
- Pfeffer
- Salz

Zubereitung

01 Zuerst bringst du ausreichend Salzwasser zum Kochen und garst darin die Nudeln.

02 Während die Nudeln kochen, zerhackst du den Knoblauch, ohne Schale, und zerkleinerst die Chilischote, nachdem du die Kerne entfernt hast.

03 Die Tomaten würfeln und die schwarzen Oliven in Scheiben zerschneiden.

04 Dann gießt du die Nudeln ab und gibst das Sonnenblumenöl in eine Pfanne. Hier röstest du erst den Knoblauch und die Chilistückchen an und fügst nach ungefähr 5 Minuten die Kapern, die Olivenscheiben sowie die Tomatenwürfel hinzu. Rühre alles einmal um.

05 Danach verfeinerst du den Pfanneninhalt mit Pfeffer und Salz und lässt alles weitere 10 Minuten köcheln.

06 In der Zwischenzeit hackst du die Petersilie sowie die Basilikumblätter klein.

07 Mische nun die Nudeln in der Pfanne und bestreue alles mit den Kräutern.

Schmeckt gut dazu: Baguette

Eigene Notizen:

Spaghetti mit grünem Pesto

 Dauer
Kurz

 Schwierigkeit
Einfach

 Kosten
Gering

Zutaten für 2 Portionen

- 250 g Spaghetti
- 150 ml Olivenöl
- 1 Bund Basilikum
- 25 g Pinienkerne

- Etwas Parmesankäse (gerieben)
- Pfeffer
- Salz

Zubereitung

01 Bringe zuerst genügend Salzwasser zum Kochen und gare darin die Spaghetti, bis sie bissfest sind.

02 Währenddessen nimmst du die Basilikumblätter von den Stielen, bestreust diese mit Pfeffer und Salz und zerstößt diese zu einer glatten Masse.

03 Dann röstest du kurz die Pinienkerne in einer Pfanne, ohne Fett, an und gibst diese mit dem Olivenöl zum Basilikum. Püriere alles einmal ordentlich durch.

04 Nun gießt du die Nudeln ab, verteilst diese auf einem Teller und gibst dein selbst gemachtes Pesto darüber. Bestreue alles mit etwas Parmesankäse.

Schmeckt gut dazu: Salat nach Wahl

Eigene Notizen:

Gebratener Gemüse-Reis

 Dauer
Kurz

 Schwierigkeit
Einfach

 Kosten
Gering

Zutaten für 2 Portionen
- 125 g Reis
- 1 Kopf Brokkoli
- 100 g Möhren
- 2 Eier
- 1 Esslöffel Olivenöl
- 1 Esslöffel Sojasauce
- Pfeffer
- Salz

Zubereitung

01 Koche ausreichend Wasser mit einer Prise Salz auf und gare darin den Reis.

02 Dann wäschst du den Brokkoli ab und zerteilst diesen in kleine Röschen. Die Möhren schälst du erst ab und schneidest diese anschließend in Streifen.

03 Jetzt gibst du die Brokkoliröschen in einen Topf, bedeckst diese mit Wasser und kochst auch dieses Gemüse bissfest.

04 Sobald der Reis und der Brokkoli fertig gegart sind, gießt du beides ab.

05 Nun gib das Olivenöl in eine Pfanne, lass es heiß werden und brate darin zuerst die Möhrenstreifen an.

06 Nach guten 5 Minuten mischst du die Brokkoliröschen unter und nach weiterer 5 Minuten nimmst du erst einmal alles wieder aus der Pfanne.

07 Schlage in dieselbe Pfanne jetzt die Eier hinein, bestreue diese mit Pfeffer sowie Salz und verrühre alles zu einem Rührei.

08 Danach mischst du den Reis sowie das Gemüse zu den Eiern und würzt das Ganze mit der Sojasauce sowie etwas Pfeffer und Salz.

Schmeckt gut dazu: Salat nach Wahl

Eigene Notizen:

Mexikanische Reispfanne

 Dauer
Kurz

 Schwierigkeit
Einfach

 Kosten
Gering

Zutaten für 2 Portionen

- Eine halbe Avocado
- 200 g Reis
- 100 ml Salsa-Dip
- 100 g Mais (Dose)
- 100 g schwarze Bohnen (Dose)
- 1 Esslöffel Rapsöl
- Pfeffer
- Salz

Zubereitung

01 Gib zunächst ausreichend Wasser mit einer Prise Salz in einen Topf, bringe dieses zum Kochen und gare darin den Reis.

02 Gieße im Anschluss den Mais sowie die schwarzen Bohnen ab und mische das Ganze durch.

03 Jetzt gießt du den Reis ab und gibst diesen in eine Pfanne mit dem Rapsöl. Brate die Körner knusprig an und gib erst dann den Mais-Bohnen-Mix dazu.

04 Danach rührst du den Salsa-Dip in die Reispfanne und verfeinerst diese mit Pfeffer und Salz.

05 Während das Ganze ein wenig vor sich hin köchelt, nimmst du das Fruchtfleisch aus der Schale der Avocado, zerschneidest dieses in Stücke und mischst es ebenfalls in den Reis.

Schmeckt gut dazu: frisches Brot

Eigene Notizen:

Gemüse-Spätzle-Pfanne

 Dauer
Kurz

 Schwierigkeit
Einfach

 Kosten
Gering

Zutaten für 2 Portionen

- 500 g Spätzle
- 100 ml Gemüsebrühe
- 80 g Gouda (gerieben)
- 2 Zucchini
- 3 Möhren (mittelgroß)

- 160 g Lauch
- 2 Esslöffel Butter
- Pfeffer
- Salz

Zubereitung

01 Gare zunächst die Spätzle, nach Packungsanleitung, in ausreichend Salzwasser.

02 Während die Spätzle kochen, wäschst du das Gemüse ab. Den Lauch musst du dann in dünne Ringe zerteilen, die Möhren raspeln und die Zucchini in Streifen zerschneiden.

03 Anschließend gibst du die Butter in eine Pfanne, erhitzt diese und gießt noch eben die Spätzle ab. Brate dann das gesamte Gemüse samt den Spätzle scharf in der Butter an.

04 Sobald die Spätzle eine goldbraune Farbe angenommen haben, gießt du die Gemüsebrühe dazu.

05 Nach fünf Minuten kannst du dann den geriebenen Gouda unterrühren und die Spätzle-Pfanne mit Pfeffer sowie Salz geschmacklich verfeinern.

Schmeckt gut dazu: Salat nach Wahl

Eigene Notizen:

Vegetarisches Schnitzel

 Dauer
Kurz

 Schwierigkeit
Einfach

 Kosten
Gering

Zutaten für 8 Portionen
- 200 g Parmesankäse (gerieben)
- 5 Kartoffeln
- 2 Eier
- 50 g Mozzarella (gerieben)
- 3 Esslöffel Paniermehl
- 3 Esslöffel Weizenmehl
- 2 Esslöffel Sonnenblumenöl
- Pfeffer
- Salz

Zubereitung

01 Die Kartoffeln gilt es, erst einmal abzuschälen und dann zu würfeln. Anschließend gibst du die Kartoffelwürfel in einen Topf, bedeckst diese mit Wasser und kochst diese gar.

02 Danach gießt du die Kartoffeln ab und gibst diese in eine Schüssel. Füge den Parmesankäse sowie den Mozzarella hinzu und verrühre alles zu einer glatten Masse.

03 Nun schlägst du die Eier auf, verfeinerst diese mit ein wenig Pfeffer sowie Salz und verquirlst das Ganze.

04 In eine weitere Schüssel schüttest du das Paniermehl und auf einen tiefen Teller dann noch das Weizenmehl.

05 Jetzt formst du aus der Kartoffel-Käse-Masse kleine Kugeln, drückst diese flach und wälzt sie erst in dem Weizenmehl, dann in dem Ei und zum Schluss in dem Paniermehl.

06 Im Anschluss daran erhitzt du das Sonnenblumenöl in einer Pfanne und backst die vegetarischen Schnitzel goldbraun aus.

Schmeckt gut dazu: Süßkartoffel-Pommes

Eigene Notizen:

Manchmal muss es eben Fisch sein

Knusper-Seelachs

 Dauer
Kurz

 Schwierigkeit
Einfach

 Kosten
Mittel

Zutaten für 2 Portionen

- 300 g Seelachsfilet
- 2 Scheiben Toastbrot
- 60 g Gouda (gerieben)
- 4 Tomaten

- 3 Esslöffel Schnittlauchröllchen (frisch)
- 1 Esslöffel Butter
- Pfeffer
- Salz

Zubereitung

01 Schalte vorab den Backofen auf 200 Grad Celsius Ober-/Unterhitze.

02 Dann zerschneide die beiden Toastscheiben in kleine Würfel und röste diese in der Butter, in einer Pfanne, goldbraun an. Nimm die Toastwürfel anschließend aus der Pfanne und lege sie auf ein Küchenpapier.

03 Jetzt wäschst du noch kurz die Tomaten ab und teilst diese in Scheiben.

04 Mische nun die Toastwürfel mit dem geriebenen Gouda sowie den Schnittlauchröllchen.

05 Danach teilst du das Seelachsfilet in zwei gleich große Stücke und pfefferst sowie salzt diese von beiden Seiten.

06 Lege jetzt erst die Tomatenscheiben in eine Auflaufform, bestreue diese ebenfalls mit Pfeffer sowie Salz und lege dann den Seelachs darauf. Über dem Fisch verteilst du dann noch den Brotwürfel-Käse-Mix.

07 Schiebe das Ganze für 15 bis 20 Minuten in den Backofen.

Schmeckt gut dazu: Bauernsalat

Eigene Notizen:

Lachsfilet mit Frischkäse-Sauce

 Dauer
Kurz

 Schwierigkeit
Einfach

 Kosten
Mittel

Zutaten für 2 Portionen

- 150 g Kräuterfrischkäse
- 1 Zwiebel
- 320 g Lachsfilet
- 400 g Zucchini
- 6 Esslöffel Vollmilch
- 2 Esslöffel Rapsöl
- Pfeffer
- Salz

Zubereitung

01 Spüle die Zucchini unter Wasser ab, teile diese der Länge nach und zerschneide die Hälften dann in dünne Scheiben.

02 Die Zwiebel nimmst du erst aus der Schale und würfelst diese dann fein.

03 Nun erhitzt du das Rapsöl in einer Bratpfanne und röstest hier die Zwiebelwürfel und die Zucchinischeiben an.

04 Zerteile anschließend das Lachsfilet in sechs Stücke, bestreue diese mit Pfeffer sowie Salz.

05 Auch den Pfanneninhalt gilt es jetzt, mit Pfeffer und Salz zu verfeinern. Danach schiebst du das Gemüse an den Pfannenrand und brätst hier auch gleich den Lachs von jeder Seite 1 Minute an.

06 Jetzt nimmst du den Fisch kurz aus der Pfanne, verteilst das Gemüse wieder in dieser und legst die Lachsstücke darauf.

07 Verteile auf dem Fisch nun 100 g des Kräuterfrischkäses.

08 Den übrigen Frischkäse verrührst du mit der Milch und gießt den Mix ebenfalls in die Pfanne.

09 Gib jetzt den Deckel auf die Pfanne und lass alles, bei mittlerer Hitze, 3 bis 4 Minuten lang köcheln.

Schmeckt gut dazu: Reis

Eigene Notizen:

Fischstäbchen mit Joghurt-Sauce und Kartoffeln

 Dauer
Kurz

 Schwierigkeit
Einfach

 Kosten
Mittel

Zutaten für 2 Portionen

- 10 Fischstäbchen
- 10 Kartoffeln (klein)
- 4 Möhren
- 2 Zwiebeln
- 4 Esslöffel Mayonnaise
- 2 Esslöffel saure Sahne

- 1 Esslöffel Senf (mittelscharf)
- 1 Esslöffel Honig (flüssig)
- Etwas Sonnenblumenöl
- Pfeffer
- Salz

Zubereitung

01 Heize vorab den Backofen auf 220 Grad Celsius Ober-/Unterhitze vor.

02 Dann wasche die Kartoffeln kurz ab und zerschneide diese in Viertel. Die Möhren hingegen schälst du erst ab und zerteilst diese dann längs in Streifen.

03 Nimm dann die Zwiebel aus der Schale und viertle diese ebenfalls.

04 Mische das Gemüse anschließend in einer Schüssel mit etwas Sonnenblumenöl und verfeinere den Mix mit etwas Pfeffer und Salz.

05 Danach lege ein Stück Backpapier auf ein Backblech, lege die Fischstäbchen mittig darauf und verteile drumherum das Gemüse.

06 Schiebe das Blech für eine halbe Stunde in den Ofen. Nach einer Viertelstunde wendest du alles einmal.

07 Während die Fischstäbchen und das Gemüse im Ofen garen, kannst du die saure Sahne mit dem Honig, dem Senf und der Mayonnaise verrühren. Schmecke die Sauce mit Pfeffer und Salz ab.

08 Zu guter Letzt verteilst du die Fischstäbchen mit dem Gemüse auf Tellern und reichst dazu deinen selbst gemachten Dip.

Schmeckt gut dazu: Bauernsalat

Eigene Notizen:

Rotbarsch mit Reis und Senf-Sauce

 Dauer
Mittel

 Schwierigkeit
Einfach

 Kosten
Mittel

Zutaten für 2 Portionen

- 125 g Reis
- 100 g Erbsen (TK)
- 250 g Rotbarschfilet
- 250 ml Wasser
- 50 ml Sahne
- 150 ml Gemüsebrühe
- Eine halbe Zwiebel
- 2 Esslöffel Weizenmehl
- 1 Esslöffel Zitronensaft

- Ein halber Esslöffel Gemüsebrühe (gekörnt)
- 1 Teelöffel Weizenmehl
- Ein halber Teelöffel Zucker
- Ein halber Teelöffel Senf (mittelscharf)
- 1 Zweig Rosmarin
- 3 Esslöffel Butter
- Pfeffer
- Salz

Zubereitung

01 Gib zuerst das Wasser zusammen mit der gekörnten Gemüsebrühe in einen Topf und bringe das Ganze zum Kochen. Füge dann den Reis hinzu und lass diesen, bei mittleren Temperaturen, garen.

02 Nach circa 10 Minuten kannst du die Erbsen ebenfalls zum Reis geben. Füge auch gleich noch einen Esslöffel Butter zu. Sobald der Reis gar ist, gießt du alles ab.

03 Danach mischst du zwei Esslöffel Butter mit zwei Esslöffeln Weizenmehl und stellst diesen Mix ins Gefrierfach.

04 Wasche jetzt den Fisch ab, trockne diesen, beträufle diesen mit dem Zitronensaft und bestreue beide Seiten mit ein wenig Pfeffer und Salz. Dann nimm den Rosmarin vom Zweig, hacke diesen klein und streue ihn ebenfalls über den Rotbarsch.

05 Nun hackst du noch die Zwiebel, ohne Schale, klein und dünstest diese mit etwas Öl in einer Pfanne an.

06 Sobald die Zwiebelstückchen glasig sind, gibst du 150 g Gemüsebrühe sowie die Sahne dazu und kochst das Ganze einmal auf.

07 Rühre dann den Butter-Mehl-Mix aus dem Gefrierfach hier hinein und schmecke die Sauce mit dem Senf, dem Zucker, etwas Zitronensaft sowie Pfeffer und Salz ab.

08 Zum Schluss legst du das Rotbarschfilet in die Sauce, deckst das Ganze mit einem Deckel zu und lässt den Fisch 8 bis 10 Minuten, bei mittleren Temperaturen, garen.

Schmeckt gut dazu: Salat nach Wahl

Eigene Notizen:

Gebackener Kabeljau mit Knoblauchbutter

 Dauer
Kurz

 Schwierigkeit
Einfach

 Kosten
Mittel

Zutaten für 2 Portionen

- 2 Kabeljaufilets
- 1 Zitrone
- 2 Knoblauchzehen
- 2 Esslöffel Butter (weich)
- 1 Esslöffel Petersilie (frisch gehackt)

- 1 Esslöffel Olivenöl
- Etwas Paprikapulver (edelsüß)
- Pfeffer (schwarz)
- Salz

Zubereitung

01 Schalte deinen Backofen zuerst auf 200 Grad Celsius Ober-/Unterhitze, damit dieser Zeit hat, sich auf Temperatur zu bringen.

02 Bestreiche dann eine Auflaufform mit etwas Olivenöl.

03 Anschließend nimmst du die Schale von den Knoblauchzehen und quetschst die Zehen durch eine Knoblauchpresse in die Butter. Füge dann einen Esslöffel Olivenöl, etwas Paprikapulver, Pfeffer sowie Salz hinzu und verrühre die Butter. Mische dann noch die Petersilie unter.

04 Brause nun den Kabeljau mit Wasser ab, trockne diesen und bestreiche den Fisch mit der Knoblauchbutter.

05 Nun legst du den Fisch in die Auflaufform. Schneide noch die Zitrone in Scheiben und lege jeweils zwei der Scheiben auf ein Stück Fisch.

06 Gib die Auflaufform für 20 Minuten in den Backofen.

Schmeckt gut dazu: Bananenscheibe

Eigene Notizen:

My Thai - Damit haust du sie alle in den Wok

Gemüse-Hähnchen-Mix

 Dauer
Kurz

 Schwierigkeit
Einfach

 Kosten
Mittel

Zutaten für 2 Portionen

- 300 g Hähnchengulasch
- 2 Frühlingszwiebeln
- 1 Paprika (gelb)
- 1 Paprika (rot)
- 1 Paprika (grün)
- 1 Knoblauchzehe
- 2 Esslöffel Sojasauce
- Etwas Sesamöl
- Pfeffer
- Salz

Zubereitung

01 Löse die Schale von der Knoblauchzehe und zerhacke diese in feine Stückchen.

02 Dann mische das Hähnchengulasch mit der Sojasauce und den Knoblauchstückchen.

03 Das Ganze gibst du anschließend eine halbe Stunde in den Kühlschrank.

04 Währenddessen nimmst du die Kerne sowie die weißen Häute aus den Paprikaschoten und zerschneidest diese in Streifen. Die Frühlingszwiebeln hingegen teilst du in dünne Ringe.

05 Nachdem das Fleisch durchgezogen ist, gibst du etwas von dem Sesamöl in den Wok und brätst hier das Hähnchengulasch gute 5 Minuten scharf an.

06 Nimm das Fleisch dann aus dem Wok und stelle dieses warm.

07 Füge nun erneut ein wenig Sesamöl in den Wok und gib hier zuerst die Frühlingszwiebelringe hinein. Schwitze diese unter Rühren kurz an und gib dann die Paprikastreifen dazu. Lass das Gemüse so lange garen, bis es bissfest ist.

08 Danach mische das Fleisch zum Gemüse und erwärme dieses im Wok.

Schmeckt gut dazu: Reis

Eigene Notizen:

Wok-Gemüse

 Dauer
Kurz

 Schwierigkeit
Einfach

 Kosten
Mittel

Zutaten für 4 Portionen

- 200 g Bohnen (grün)
- 200 g Paprika (rot)
- 200 ml Gemüsebrühe
- 10 Brokkoliröschen
- 2 Zwiebeln
- 1 Chilischote (rot)

- 3 Esslöffel Sojasauce
- 3 Esslöffel Sesamöl
- 1 Esslöffel Sesamsamen
- 1 Teelöffel Saucenbinder (dunkel)
- Pfeffer
- Salz

Zubereitung

01 Putze zuerst die grünen Bohnen und gare diese dann in circa 5 Minuten in kochendem Salzwasser. Gieße diese dann ab und spüle sie einmal mit kaltem Wasser durch.

02 Im Anschluss daran löst du die Schale von der Zwiebel und teilst diese in feine Scheiben. Die Paprika erst entkernen und dann in Streifen schneiden. Auch aus der Chilischote gilt es, erst die Kerne herauszunehmen, um dann die Schote fein zu zerhacken.

03 Nun gibst du das Sesamöl in den Wok und fügst hier das gesamte Gemüse hinzu. Lass alles 3 Minuten braten und gieße erst dann die Gemüsebrühe zum Gemüse.

04 Nach 4 Minuten kannst du alles mit der Sojasauce sowie etwas Pfeffer und Salz verfeinern. Koche das Ganze dann einmal auf und rühre den dunklen Saucenbinder hinein.

05 Zum Schluss röstest du noch die Sesamsamen in einer fettfreien Pfanne an und streust diese über dein Gericht.

Schmeckt gut dazu: Bananenscheiben

Eigene Notizen:

Nudel-Wok-Pfanne mit Pute

 Dauer
Kurz

 Schwierigkeit
Einfach

 Kosten
Mittel

Zutaten für 2 Portionen

- 400 g Wok-Gemüse (TK)
- 300 g Putenschnitzel
- 1 Knoblauchzehe
- 125 g Wok-Nudeln
- 250 ml Gemüsebrühe
- 1 Stück Ingwer (3 cm)

- Etwas Teriyaki-Sauce
- 2 Esslöffel Sonnenblumenöl
- 3 Esslöffel Sojasauce
- Etwas Zitronenpfeffer
- Salz

Zubereitung

01 Zerteile die Putenschnitzel in Streifen und würze diese mit der Sojasauce und etwas Zitronenpfeffer.

02 Gib nun das Sonnenblumenöl in den Wok und brate darin das Fleisch kurz und kräftig an. Nimm dieses dann aus dem Wok und stelle es im Ofen warm.

03 Jetzt schälst du das Stück Ingwer und reibst dieses fein. Die Knoblauchzehe nimmst du aus der Schale und drückst diese durch eine Knoblauchpresse in den Wok.

04 Füge das Wok-Gemüse mit dem Ingwer zum Knoblauch und brate alles ungefähr 5 Minuten an. Dann gieße die Gemüsebrühe zum Gemüse und lass alles weitere 5 Minuten köcheln.

05 Danach gib die Putenstreifen wieder in den Wok und schmecke alles mit etwas Teriyaki-Sauce, Salz, Zitronenpfeffer und Sojasauce ab.

Schmeckt gut dazu: Brot

Eigene Notizen:

Kokos-Süsskartoffel-Hähnchen

 Dauer
Mittel

 Schwierigkeit
Einfach

 Kosten
Mittel

Zutaten für 4 Portionen

- 500 g Süßkartoffeln
- 400 ml Kokosnussmilch (Dose)
- 300 g Brokkoli
- 300 g Hähnchenbrustfilet
- 150 g Dosentomaten (passiert)
- 2 Frühlingszwiebeln

- 1 Zwiebel (rot)
- 75 g Cashewkerne
- Eine halbe Limette
- 1 Chilischote (rot)
- 50 ml Öl
- Salz

Zubereitung

01 Die Zwiebel, schalenlos, in kleine Würfel zerschneiden. Dann den Brokkoli in Röschen teilen und die Süßkartoffeln erst abschälen und anschließend würfeln.

02 Danach kannst du die Chilischote längs aufschneiden und die Kerne entfernen. Zerhacke diese in kleine Stücke. Die Frühlingszwiebeln hingegen zerschneide in Streifen. Auch das Hähnchenbrustfilet kannst du in diese Form bringen.

03 Anschließend lässt du das Öl im Wok heiß werden und brätst hier das Fleisch kurz bei hohen Temperaturen an. Nimm dieses dann heraus und stelle es erst einmal beiseite.

04 Gib dann die Süßkartoffeln, die Zwiebelstücke sowie die Brokkoliröschen in den Wok und röste das Gemüse 2 bis 3 Minuten hier an.

05 Füge nun die Dosentomaten und die Kokosnussmilch zu und bringe das Ganze zum Kochen. Drehe dann die Temperatur herunter und gare alles weitere 8 Minuten bei schwacher Hitze.

06 Während das Gemüse gart, gib die Cashewkerne in eine fettfreie Pfanne und röste diese an, bis sie duften. Nimm diese dann wieder aus der Pfanne heraus.

07 Jetzt gib das Fleisch wieder zurück in den Wok und verfeinere das Gericht mit etwas Limettensaft sowie Salz.

08 Zu guter Letzt bestreue alles mit den Cashewkernen, die du zuvor grob zerhackt hast.

Schmeckt gut dazu: Naan-Bro

Eigene Notizen:

Saucen, Dressings und Dips

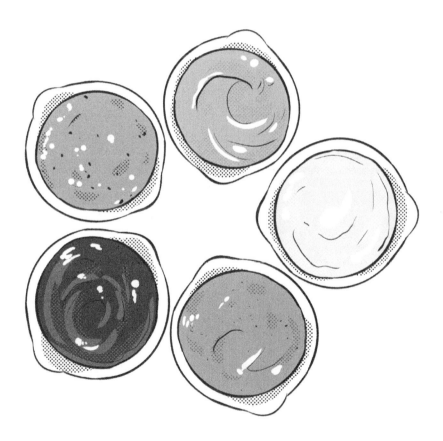

Helle Sauce

 Dauer
Kurz

 Schwierigkeit
Einfach

 Kosten
Gering

Zutaten für 4 Portionen
- 200 ml Gemüsebrühe
- 200 ml Milch (1,5 % Fett)
- 20 g Weizenmehl
- Eineinhalb Esslöffel Rapsöl
- Etwas Muskatnuss
- Pfeffer
- Salz

Zubereitung

01 Lasse das Rapsöl in einem kleinen Kochtopf heiß werden und rühre hier dann das Weizenmehl hinein.

02 Mische das Ganze so lange mit einem Schneebesen durch, bis es sich gelb verfärbt.

03 Dann gib die Milch sowie die Gemüsebrühe zu und koche alles einmal unter Rühren auf.

04 Danach lässt du die Sauce eine weitere Viertelstunde, bei niedrigen Temperaturen, köcheln und schmeckst sie zum Schluss mit etwas Pfeffer, Muskatnuss und Salz ab.

Schmeckt gut dazu: Hühnchen sowie Fisch

Eigene Notizen:

Curry-Sauce

 Dauer
Kurz

 Schwierigkeit
Einfach

 Kosten
Gering

Zutaten für 4 Portionen

- 250 ml Gemüsebrühe
- 200 ml Sahne
- 40 g Weizenmehl
- 30 g Butter

- 3 Teelöffel Currypulver
- Pfeffer
- Salz

Zubereitung

01 Gib die Butter in einen Topf und bringe diese zum Schmelzen. Dann rühre das Weizenmehl mit einem Schneebesen in die Butter und schwitze das Ganze goldgelb an.

02 Dann füge die Sahne sowie die Gemüsebrühe hinzu und koch alles einmal auf. Auch dabei solltest du das Rühren nicht vergessen.

03 Danach drehe die Temperatur herunter, mische das Currypulver in die Sauce und lass diese eine weitere Viertelstunde vor sich hin köcheln.

04 Würze die Currysauce zum Schluss noch mit Pfeffer und Salz.

Schmeckt gut dazu: Fleisch und Fisch

Eigene Notizen:

Joghurt-Dressing

 Dauer
Kurz

 Schwierigkeit
Einfach

 Kosten
Gering

Zutaten für 1 Portion

- 200 g Naturjoghurt
- 1 Knoblauchzehe
- 3 Esslöffel Essig
- 4 Esslöffel Olivenöl

- 1 Teelöffel Senf (mittelscharf)
- Eine Prise Pfeffer
- Eine Prise Salz

Zubereitung

01 Verrühre den Naturjoghurt mit dem Senf, dem Essig und dem Olivenöl.

02 Anschließend nimmst du die Knoblauchzehe aus der Schale und quetschst diese durch eine Knoblauchpresse in den Joghurt-Mix.

03 Verfeinere dein Joghurtdressing mit Pfeffer und Salz.

Schmeckt gut dazu: Salat nach Wahl

Eigene Notizen:

French-Dressing

 Dauer
Kurz

 Schwierigkeit
Einfach

 Kosten
Gering

Zutaten für 4 Portionen
- 6 Esslöffel Naturjoghurt
- 4 Esslöffel Mayonnaise
- 1 Esslöffel gemischte Kräuter (TK)
- 1 Teelöffel Balsamico-Essig (hell)
- 1 Teelöffel Senf (mittelscharf)
- Ein halber Teelöffel Tomatenmark

- Eine Prise Zucker
- Etwas Cayennepfeffer
- Etwas Paprikapulver
- Pfeffer
- Salz

Zubereitung

01 Verrühre zuerst den Essig mit dem Senf, dem Tomatenmark sowie der Mayonnaise. Verfeinere das Ganze mit einer kräftigen Prise Pfeffer sowie Salz.

02 Schlage dann mit einem Schneebesen die gemischten Kräuter sowie den Naturjoghurt unter.

03 Schmecke das Dressing zum Schluss mit etwas Paprikapulver, Zucker und Cayennepfeffer ab.

Schmeckt gut dazu: Salat nach Wahl

Eigene Notizen:

Knoblauch-Dip

 Dauer
Kurz

 Schwierigkeit
Einfach

 Kosten
Gering

Zutaten für 4 Portionen

- 120 g Naturjoghurt
- 120 g Quark
- 60 g Crème fraîche
- 2 Knoblauchzehen

- 1 Zwiebel
- Pfeffer
- Salz

Zubereitung

01 Den Quark mit dem Naturjoghurt sowie der Crème fraîche verrühren.

02 Dann die Knoblauchzehen und die Zwiebel aus der Schale nehmen und beides fein zerhacken.

03 Die Knoblauch- sowie die Zwiebelstückchen anschließend in die Creme rühren und den Dip dann nur noch mit Pfeffer und Salz abschmecken.

Schmeckt gut dazu: Gyros

Eigene Notizen:

Roter Fetakäse-Dip

 Dauer
Kurz

 Schwierigkeit
Einfach

 Kosten
Gering

Zutaten für 4 Portionen

- 250 g Kräuterfrischkäse
- 100 g Fetakäse
- 3 Paprika (rot)
- 3 Esslöffel Olivenöl
- 1 Esslöffel Paprikapulver (edelsüß)
- Pfeffer
- Salz

Zubereitung

01 Zuerst die Paprikaschoten entstielen, entkernen und in ganz feine Stückchen zerteilen.

02 Dann den Fetakäse grob zerbröseln und diesen mit dem Kräuterfrischkäse verrühren.

03 Anschließend die Paprikastückchen und das Olivenöl untermischen und den Dip mit Pfeffer, Paprikapulver und Salz abschmecken.

Schmeckt gut dazu: Gemüsesticks

Eigene Notizen:

Nachtisch für
Unterzuckerte

Erdnussbutter-Honig-Kugeln

 Dauer
Kurz

 Schwierigkeit
Einfach

 Kosten
Gering

Zutaten für 4 Portionen
- 125 g Haferflocken
- 125 g Milchpulver
- 70 g Erdnussbutter
- 70 g Honig (flüssig)

Zubereitung

01 Mische die Haferflocken mit dem Milchpulver, der Erdnussbutter sowie dem Honig und forme aus der süßen Masse kleine Kugeln.

02 Diese legst du dann für 1 Stunde in den Kühlschrank.

Schmeckt gut dazu: Vanilleeis

Eigene Notizen:

Schokoladen-Mousse

 Dauer
Kurz

 Schwierigkeit
Einfach

 Kosten
Gering

Zutaten für 2 Portionen
- 200 ml Wasser
- 310 g Zartbitterschokolade
- 1 Esslöffel Kakaopulver
- 1 Esslöffel Zucker

Zubereitung

01 Hacke die Zartbitterschokolade in kleine Stücke und schmelze diese über einem Wasserbad. Achte stets darauf, dass das Wasser nicht kocht.

02 Dann rühre 200 ml Wasser in die geschmolzene Schokolade und mische auch gleich den Zucker hier hinein. Verrühre alles so lange, bis der Zucker sich aufgelöst hat.

03 Anschließend nimmst du das Ganze aus dem Wasserbad und stellst die Schüssel stattdessen in ein Bad Eiswasser. Verrühre die Schokomasse nun mit einem Handmixer, bis sich das Dessert in eine fluffige Masse verwandelt.

04 Steche mit zwei Esslöffeln nun kleine Nocken aus und lege diese auf einen Teller.

Schmeckt gut dazu: Eis nach Wahl

Eigene Notizen:

Maulwurf-Creme

 Dauer
Kurz

 Schwierigkeit
Einfach

 Kosten
Gering

Zutaten für 4 Portionen

- 125 g Naturjoghurt
- 150 g Schokoladen-Kekse
- 125 g Quark
- 2 Päckchen Vanillezucker
- 2 Bananen (reif)

Zubereitung

01 Fülle die Schokoladenkekse in einen Gefrierbeutel, verschließe diesen und zerdrücke die Kekse mit einem Nudelholz.

02 Nehme dann die Bananen aus der Schale und zerdrücke diese mit einer Gabel.

03 Danach gibst du das Bananenpüree in eine Schüssel und verrührst in einer anderen Schüssel den Naturjoghurt mit dem Quark und dem Vanillezucker. Mische das Ganze dann mit dem Bananenpüree.

04 Jetzt gibst du die Hälfte der zerbröselten Kekse in vier Dessertgläser, verteilst darüber die Maulwurf-Creme und bestreust das Ganze mit den übrigen Kekskrümeln.

Schmeckt gut dazu: Waffeln

Eigene Notizen:

Nutella-Traum

 Dauer
Kurz

 **Schwierigkeit**
Einfach

 Kosten
Gering

Zutaten für 4 Portionen

- 400 g Sahne
- 200 g Frischkäse
- 100 g Nutella

- 50 g Zucker
- 1 Teelöffel Vanillezucker

Zubereitung

01 Zuerst schlägst du die Sahne mit einem Handmixer steif.

02 Danach mischst du das Nutella mit dem Frischkäse, dem Zucker sowie dem Vanillezucker und rührst dann die Hälfte der Schlagsahne unter.

03 Zum Schluss hebst du die übrige Sahne unter und füllst das Ganze in Dessertgläser.

Schmeckt gut dazu: Vanilleeis

Eigene Notizen:

Solero-Leckerei

 Dauer
Kurz

 Schwierigkeit
Einfach

 Kosten
Gering

Zutaten für 6 Portionen

- 500 g Naturjoghurt
- 250 g Maracujasaft
- 250 g Sahne
- 240 g Pfirsiche (Dose)

- 3 Esslöffel Zucker
- 1 Päckchen Vanillezucker
- 2 Päckchen Sahnesteif
- 1 Esslöffel Speisestärke

Zubereitung

01 Schütte die Pfirsiche in ein Sieb und fange dabei den Fruchtsaft auf.

02 Danach zerschneidest du die Pfirsiche in kleine Würfel und verteilst diese in sechs Gläser.

03 Jetzt gibst du den Maracujasaft in einen Topf und bringst diesen zum Kochen. Rühre dann drei Esslöffel des Pfirsichsaftes, die Speisestärke sowie den Vanillezucker in den Saft. Lass alles 1 Minute weiterkochen. Vergiss aber nicht, weiter zu rühren. Anschließend den Topf vom Herd nehmen.

04 Im Anschluss daran je einen Esslöffel des Topfinhaltes über die Pfirsichwürfel geben. Dann kannst du den Naturjoghurt mit dem Zucker mischen und in einer separaten Schüssel die Sahne mit dem Sahnesteif steif schlagen.

05 Hebe die Schlagsahne nun unter den Naturjoghurt und verteile die Creme ebenfalls in die sechs Dessertgläser.

06 Über die Creme gibst du jetzt noch den eingedickten Maracujasaft und stellst das Ganze dann für eine halbe Stunde in den Kühlschrank.

Schmeckt gut dazu: Eiswaffeln

Eigene Notizen:

Das Kochbuch für das Smartphone

Hier kannst du die Smartphone-Version deines Kochbuchs herunterladen:

https://geschma-x-plosion.de/dkft153/

Haftungsausschluss

Der Inhalt dieses Buches wurde mit großer Sorgfalt geprüft und erstellt. Für die Vollständigkeit, Richtigkeit und Aktualität der Inhalte kann jedoch keine Garantie oder Gewähr übernommen werden. Der Inhalt dieses Buches repräsentieren die persönliche Erfahrung und Meinung des Autors und dient dem Unterhaltungszweck. Es wird keine juristische Verantwortung oder Haftung für Schäden übernommen, die durch kontraproduktive Ausübung oder durch Fehler des Lesers entstehen.

Es wird davon ausgegangen, dass alle Marken, Dienstleistungsmarken, Produktnamen oder benannten Merkmale Eigentum der jeweiligen Inhaber sind und nur zu Referenzzwecken verwendet werden.

Impressum

© Katharina Freund
1. Auflage 2023
Alle Rechte vorbehalten.
ISBN: 9798838925756

Kein Teil dieses Werkes darf ohne schriftliche Genehmigung
des Autors in irgendeiner Form reproduziert,
vervielfältigt oder verbreitet werden.
Vertreten durch: Daniel Rupp,
Fritz-Kohl-Str. 13, 55122 Mainz
Gestaltung: Daniel Rupp

Made in United States
North Haven, CT
25 November 2024

60961747R00098